CAMPING für CHAOTEN

EIN ÜBERLEBENSHANDBUCH FÜR CAMPER

101 humorvolle WEGE

die kleinen und großen

KATASTROPHEN

des Campinglebens

zu überstehen

W0359769

Thorsten Winkler

Thorsten Winkler wird vertreten durch:
PKB Publishing (Herausgeber)
Fejleregårdsvejen 3
3720 Aakirkeby
Dänemark

Covergestaltung und Satz: Lene Schmidt
Lektorat: Sabine Petersen

ISBN: 978-87-85260-07-9

Herausgeber: PKB Publishing – 1. Auflage
Druck: Amazon Deutschland oder Partner

Für Hinweise und Vorschläge sind wir sehr dankbar.
Bitte diese ausschließlich an folgende E-Mail-Adresse senden:
kontakt@pkb-publishing.com

Inhaltsverzeichnis

Vorwort

Herzlich willkommen in der wilden, wunderbaren und gelegentlich vollkommen chaotischen Welt des Campings – wo die Luft nach Freiheit riecht und die Nachbarn zu besten Freunden (oder schlimmsten Feinden) werden.

Mann, Mann, Mann – Camping! Was für ein herrliches Chaos! Du hältst hier kein stinknormales Buch in deinen Händen, sondern quasi dein Überlebensticket für den Wahnsinn auf vier Rädern oder unter Zeltstoff.

Schon mal erlebt, wie dein Kaffee im strömenden Regen verdünnt wird, während du verzweifelt versuchst, das verdammte Vorzelt festzuzurren? Oder kennst du diesen Moment, wenn du nach drei Stunden Aufbauzeit feststellst, dass die Hälfte der Heringe fehlt? Willkommen im Club!

Aber hey – genau deshalb lieben wir's doch! Für diese magischen Momente, wenn du morgens aus deinem Schlafsack rollst, der erste Schluck Kaffee die Lebensgeister weckt und vor dir nichts als Weite liegt. Für die spontanen Grillabende mit der Campingnachbarn, die du seit gestern kennst und die sich anfühlen wie alte Kumpels.

Egal, ob du mit 'nem klapprigen Zelt anrückst, einen Wohnwagen hinter dir herziehst oder im dicken Wohnmobil anrollst – wir alle sitzen im selben Campingstuhl. Und ja, er wird irgendwann nachgeben.

Mach' es dir also bequem (sofern dein Klappstuhl hält), nimm dir ein Getränk deiner Wahl und tauche ein in die ungeschönte, aber herrlich unterhaltsame Realität des Campings. Dieses Buch ist dein Kumpel für alle Fälle – ehrlich, ironisch, maßlos überspitzt, aber (vielleicht) auch dein Retter in der Not.

Und jetzt geht's los! Rein ins Camping-Vergnügen, Mückenstiche inklusive und Einpark-Fails garantiert!

PS:
Klar, der Titel verspricht dir „101 humorvolle Wege", die Campingkatastrophen zu überstehen. Aber mal ehrlich – wer zählt schon nach, wenn er gerade knietief im Schlamassel steckt?

In Wahrheit findest du hier mehr Überlebenstipps als Heringe in deiner Campingkiste. Für jede Katastrophe gibt's oft eine Handvoll gut gemeinter Ratschläge, von denen vielleicht einer tatsächlich funktioniert. Die anderen? Nun, die sorgen zumindest für Unterhaltung, während du verzweifelt versuchst, dein Vorzelt bei Windstärke 9 festzuhalten.

Also beschwer' dich nicht über zu viele Ratschläge. Im Campingchaos ist jeder Strohhalm willkommen, selbst wenn er aus Panzertape besteht und eigentlich für die undichte Stelle am Wohnwagen gedacht war.

PPS:
Ich kenne keinen Campingplatz, auf dem ‚gegendert' wird – in diesem Buch tun wir's auch nicht. Wir sprechen selbstverständlich alle Geschlechter an. Denn Waschbären, Mücken und undichte Zelte diskriminieren nicht – sie machen uns allen gleichermaßen das Leben schwer!

Vorbereitung auf das Unvermeidliche

1. Die Packliste, die niemand einhält

Oder: Warum du trotzdem das Wichtigste vergessen wirst

Bist du der Typ Camper, der mit akribischen Pack- und Checklisten anreist, oder eher der spontane Abenteurer, der bei strömendem Regen 30 Kilometer zum nächsten Outdoor-Shop fährt, weil die Heringe fehlen? Egal, am Ende sitzen beide im selben Chaos und fragen sich, warum sie nicht einfach zu Hause geblieben sind.

–Wie es dazu kommt–

Du bist ein organisierter Mensch. Excel ist dein zweiter Vorname. Deine Packliste ist ein Meisterwerk der Kategorisierung, farblich codiert und nach Prioritäten sortiert. Was du nicht bedacht hast: Murphys Gesetz gilt besonders unter freiem Himmel. Alles, was schiefgehen kann, wird auch mit Sicherheit schiefgehen.

–Was dann passiert–

Phase 1: Die Vorbereitung

- Du erstellst eine Packliste mit 247 Punkten.
- Du checkst jeden Punkt dreimal ab.
- Du fühlst dich wie ein Camping-Ninja.
- Dein Partner rollt diskret mit den Augen.

Phase 2: Die Realität

Irgendwo zwischen „Zeltheringe (24 Stück)" und „biologisch abbaubaresToilettenpapier (3-lagig)" verlierst du den Überblick. Plötzlich liegt alles, was du besitzt, in der Garage. Aber nichts davon scheint auf deiner Liste zu stehen.

Phase 3: Die Kapitulation

Du packst einfach alles ein, was nicht niet- und nagelfest ist. Dein Auto sieht aus wie ein mobiler Outdoor-Shop. Ironischerweise vergisst du trotzdem:

- den Kaffeefilter (den wichtigsten Überlebensausrüstungsgegenstand)
- den Dosenöffner (für die Ravioli-Notfallration)
- die Campingführer-Karte (die du extra neu gekauft hast).

-Was du NICHT tun solltest-

✗ Jedem erzählen, wie gut du organisiert bist.
✗ Die Liste nach der Reise aufbewahren. (Sie wird dich verhöhnen.)
✗ Denken, beim nächsten Mal wird alles anders.

-3 Wege, diese Katastrophe zu überstehen-

1. Akzeptiere, dass du etwas vergessen wirst.
2. Freunde dich mit dem lokalen Camping-Shop an.
3. Entwickle kreative Problemlösungen. („Wer braucht schon einen Dosenöffner, wenn man einen Stein hat?")

-Überlebenden-Bericht-

„Meine Packliste war perfekt. Absolut perfekt. Ich hatte sogar eine Backup-USB-Powerbank für meine USB-Powerbank. Was ich vergessen hatte? Unterhosen. Manchmal ist das Leben eben ein Abenteuer." – Michael K., Listen-Enthusiast und Unterhosen-Käufer

Merke

Eine Packliste ist wie ein Horoskop: Sie gibt dir das Gefühl von Kontrolle, aber am Ende kommt sowieso alles anders. Das Wichtigste ist nicht, was du einpackst, sondern wie kreativ du mit dem umgehst, was du vergessen hast.

2. Vorab ein Zelt zur Probe aufbauen – Der ultimative Test für deine Beziehung

Paartherapeuten haben es jahrelang falsch gemacht. Vergiss Kommunikationsübungen und Vertrauensspiele! Lass' ein Paar einfach bei 28 Grad im Schatten ein Zelt aufbauen. Ohne Anleitung. Mit Publikum.

-Wie es dazu kommt-

Es beginnt harmlos. „Schatz, das wird super romantisch!", sagt einer von euch. Der andere nickt zustimmend, ahnungslos, dass ihr kurz davor steht, eure Beziehung einem Stresstest zu unterziehen, gegen den ein Marathonlauf wie ein Spaziergang wirkt.

-Was dann passiert-

Phase 1: Die Euphorie

- Gestern habt ihr das Zelt gekauft. Heute soll der Probe-Aufbau im Garten stattfinden.
- Ihr packt das Zelt aus.
- Alle Teile fallen auf den Rasen.
- Du: „Das kann ja nicht so schwer sein!"

Phase 2: Die Ernüchterung

Ihr realisiert, dass „intuitiver Aufbau" ein Marketingbegriff ist und die Zeltstangen definitiv nicht dahin gehören, wo ihr sie gerade hinsteckt. Die Bezeichnung „A" passt irgendwie zu allen Stangen, und „B" scheint im Alphabet nicht zu existieren.

Phase 3: Die Krise

- Partner 1: „Das muss so!"
- Partner 2: „Das KANN nicht so!"
- Das Zelt: -liegt schlaff und höhnisch am Boden-
- Die Nachbarn: -schauen über den Zaun, holen sich Getränke und Chipstüten-

-Was du NICHT tun solltest-

- ✗ Die Schuld auf den Partner schieben.
- ✗ Die Anleitung wegwerfen. („Wer braucht schon Anleitungen?")
- ✗ Vor Publikum streiten. (Sie haben Smartphones und YouTube.)
- ✗ Mit Gewalt arbeiten. (Das Zelt merkt sich das.)

-4 Wege, diese Katastrophe zu überstehen-

1. Tief durchatmen (mehrmals).
2. Die Anleitung GEMEINSAM lesen.
3. Akzeptieren, dass „ungefähr da" nicht präzise genug ist.
4. Bei Bedarf eine Pause einlegen (getrennt voneinander).

-Überlebenden-Bericht-

„Nach drei Stunden stand das Zelt. Unsere Ehe auch noch, überraschenderweise. Wir haben gelernt, dass ‚links' und ‚deine linke' zwei verschiedene Richtungen sein können, und dass man auch schweigend ein Zelt aufbauen kann. Manchmal ist Schweigen Gold."
– Sarah und Tom P., noch verheiratet

Merke!

Ein gemeinsamer Zeltaufbau ist wie eine Miniatur-Ehe: Es braucht Geduld, Kompromisse und manchmal muss man einfach akzeptieren, dass der Eingang vielleicht nicht genau nach Süden zeigt. Hauptsache, das Ding steht – und eure Beziehung auch.

Transport-Traumata

1. Die Physik des Fahrradträgers – und warum er immer zu klein ist

Selbst Einstein konnte nicht alle Naturgesetze erklären. Eines davon: Egal wie groß dein Fahrradträger ist, er wird immer genau ein Fahrrad weniger tragen können, als du mitnehmen willst.

-Wie es dazu kommt-

Du hast alles richtig gemacht. Wirklich. Du hast vor dem Kauf gemessen, gerechnet und sogar die Bedienungsanleitung gelesen. (Ja, tatsächlich!) Was du nicht bedacht hast: Fahrradträger existieren in einer parallelen Dimension, in der Platz ein relatives Konzept ist – relativ zu deinen Erwartungen nämlich immer zu klein.

-Was dann passiert-

Phase 1: Die Illusion

- Du: „Dieser 4er-Träger ist perfekt für unsere vier Fahrräder!"
- Die Realität: -lacht nur darüber- 😆
- Du: „Laut Herstellerangaben passen hier vier Erwachsenenräder drauf."
- Die Realität: ‚Erwachsenenräder aus dem Jahr 1973 vielleicht ...'

Phase 2: Die Ernüchterung

Der Moment, in dem du feststellst, dass „vier Fahrräder" in der Sprache der Hersteller bedeutet: vier Kinderfahrräder ohne Lenker, oder alternativ zwei normale Fahrräder plus ein halbes Klapprad, wenn du es geschickt anstellst.

Phase 3: Die Verzweiflung

Du beginnst zu verstehen, dass Tetris kein Spiel war, sondern ein Trainingsprogramm für diesen Moment. Während du versuchst, das vierte Fahrrad irgendwie noch unterzubringen, entwickelst du plötzlich Fähigkeiten eines Raumfahrtingenieurs.

-Was du NICHT tun solltest-

✗ Die Fahrräder übereinander stapeln (Spoiler: Schwerkraft existiert).
✗ Denken, dass „ein bisschen fester drücken" die Lösung ist.
✗ Die Anleitung wegwerfen. (Du wirst sie für die Reklamation brauchen.)
✗ Spontan ein Fahrrad am Straßenrand „entsorgen".

-3 Wege, diese Katastrophe zu überstehen-

1. Akzeptiere, dass Fahrradträger-Hersteller in einer Welt leben, in der Fahrräder die Größe von Spielzeugmodellen haben.
2. Plane einen Testlauf VOR dem eigentlichen Urlaub.
3. Investiere in abnehmbare Pedale und drehbare Lenker.

-Überlebenden-Bericht-

„Ich stand da mit vier Fahrrädern und einem 4er-Träger, der offensichtlich für Miniaturfahrräder konzipiert war. Nach drei Stunden Puzzeln hatte ich drei Räder untergebracht und meine Ehe gerettet, indem ich mein eigenes Rad zu Hause ließ. Urlaub ist ja zum Entspannen da, oder?" – Thomas K., Fahrradträger-Überlebender

Merke !

> Ein Fahrradträger verhält sich wie ein Campingkoffer. Egal wie groß er ist, er wird immer 20 % zu klein sein für das, was du transportieren willst.

2. Warum der nächste Supermarkt immer weiter weg ist als gedacht

„Nur fünf Minuten zu Fuß zum nächsten Supermarkt!" – die süßeste Lüge seit „Aufbauzeit des Zeltes: 2 Minuten".

-Wie es dazu kommt-

Du hast dich für diesen Campingplatz entschieden, weil die Webseite versprach: „Einkaufsmöglichkeiten in unmittelbarer Nähe".

Was du nicht wusstest: In der Camping-Dimension bedeutet „unmittelbare Nähe" alles zwischen 500 Metern und der Entfernung zum nächsten Planeten.

-Was dann passiert-

Phase 1: Die Planung

- Du: „Wir brauchen nur das Nötigste, den Rest kaufen wir vor Ort."
- Das Universum: -notiert sich diesen Witz für später-
- Du: „Laut Karte ist der Supermarkt gleich um die Ecke."
- Das Universum: ‚Um welche Ecke genau? Die in 3 Kilometern?'

Phase 2: Die Entdeckung

Du musst zu deinem Entsetzen feststellen, dass „gleich um die Ecke" in Campingplatz-Sprache bedeutet: „Irgendwo im Bereich dieser Postleitzahl, wenn du dem Feldweg folgst, zweimal links abbiegst, einen Bach überquerst und den Kompass richtig liest."

Phase 3: Die Expedition

Was als kurzer Spaziergang zum Supermarkt geplant war, entwickelt sich zur Nachstellung einer Himalaya-Expedition. Plötzlich wünschst du dir Wanderstöcke, Proviant und einen Sherpa.

-Was du NICHT tun solltest-

✗ Denken, dass „es kann nicht mehr weit sein" nach 30 Minuten Fußmarsch noch stimmt.

✗ Ohne Wasserflasche losgehen (selbst wenn es „nur 5 Minuten" sein sollen).

✗ Glauben, dass du „nur ein paar Kleinigkeiten" tragen musst.

✗ Die Einkaufsliste spontan erweitern. („Wenn wir schon mal da sind ...")

-4 Wege, diese Katastrophe zu überstehen-

1. Multipliziere jede Entfernungsangabe mit dem Faktor 3.
2. Nimm den Bollerwagen mit, auch wenn es „nur um die Ecke" ist.
3. Plane den Supermarktbesuch wie eine militärische Operation.
4. Erwäge die Anschaffung eines Lastenfahrrads für künftige Campingurlaube.

-Überlebenden-Bericht-

„Die Rezeption sagte: ‚Der Supermarkt ist nur 5 Minuten entfernt.' Nach 25 Minuten Fußmarsch, drei falschen Abbiegungen und einem unfreiwilligen Waldspaziergang erreichten wir einen Tante-Emma-Laden mit Öffnungszeiten aus dem letzten Jahrhundert. Die Milch kostete so viel wie ein Kleinwagen, aber wir waren zu erschöpft, um weiterzusuchen." – Familie Müller, Supermarkt-Expeditionsteam

Merke!

Die Entfernung zum nächsten Supermarkt verhält sich wie eine Fata Morgana – je näher du kommst, desto weiter scheint sie sich zu entfernen.

3. Die Kunst, einen Bollerwagen durch den Sand zu ziehen

Das Leben als Camper kann den Charakter formen. Zum Beispiel beim Versuch, einen voll beladenen Bollerwagen über einen Sandstrand zu ziehen. Eine Erfahrung, die dich entweder zum Philosophen oder zum Fluchwort-Erfinder macht.

-Wie es dazu kommt-

Du hast monatelang Testberichte studiert, Preise verglichen und schließlich in diesen tollen Bollerwagen investiert – mit extrabreiten Luftreifen, Teleskopgriff, Schnellklapp-Mechanismus und allem erdenklichen Schnickschnack, den die moderne Bollerwagen-Technologie zu bieten hat.

Der Verkäufer hat dir versichert, dass dieses Modell „für jedes Gelände geeignet" sei, und du hast es geglaubt. Was du nicht bedacht hast: Sand ist kein Untergrund, sondern ein heimtückisches Element, das sich seit Jahrmillionen darauf spezialisiert hat, jedes noch so ausgeklügelte Rad zum Stillstand zu bringen.

Sand ist der natürliche Feind aller rollenden Objekte. Eine Tatsache, die dir erst bewusst wird, wenn es zu spät ist.

-Was dann passiert-

Phase 1: Der Optimismus

Du stehst am Rand des Strandes, der vollgepackte Bollerwagen neben dir, und blickst zuversichtlich auf deinen Zielort, etwa 200 Meter entfernt. Die Sonne scheint, die Möwen kreisen, und du spürst dieses unbändige Gefühl von Campingkompetenz.

- Du: „Mit diesem Bollerwagen schaffen wir alles in einem Gang! Schaut mal, wie praktisch!"
- Der Sand: -kichert leise und bereitet seine Verteidigungslinien vor-
- Deine Kinder: „Können wir auch drauf sitzen?"
- Du: „Natürlich! Die Luftreifen gleiten bestimmt super über den Sand. Der Verkäufer meinte, das Ding könnte sogar durch die Sahara rollen!"

Du greifst selbstbewusst nach dem ergonomischen Griff, nickst deiner Familie ermutigend zu und ziehst an. Der Wagen bewegt sich ... tatsächlich!

Die ersten 30 Zentimeter sind ein Kinderspiel, und dein Selbstvertrauen wächst ins Unermessliche.

Phase 2: Die Realisierung

Dann kommt er – dieser magische Moment der Erkenntnis. Der Moment, in dem du feststellst, dass dein hochmoderner Bollerwagen im Sand die Fortbewegungseigenschaften eines festzementierten Betonklotzes entwickelt.

Die Räder, die auf festem Boden so mühelos rollten, graben sich nun mit bemerkenswerter Effizienz in den Sand ein, als hätten sie den geheimen Auftrag, einen Tunnel nach Australien zu graben.

Du ziehst stärker. Die Räder versinken tiefer. Du ziehst mit beiden Händen. Die Räder antworten, indem sie sich noch entschlossener eingraben. Der Sand formt kleine Wellen vor jedem Rad, als wolle er dir demonstrieren, dass er die Gesetze der Physik besser versteht als du.

Phase 3: Die Transformation

Was als entspannter Transport begann, verwandelt sich jetzt in ein Krafttraining, das jeden Fitnesstrainer vor Neid erblassen ließe.

Deine Armmuskeln brennen, als hättest du sie in Lava getaucht. Schweißperlen bilden kleine Oasen auf deiner Stirn, und du entwickelst plötzlich eine tiefe, spirituelle Verbindung zu den ägyptischen Pyramidenbauern.

Die anderen Strandbesucher werfen dir mitleidige Blicke zu. Einige nicken wissend. Sie sind Veteranen des Bollerwagen-Sand-Krieges. Andere filmen diskret deine Qualen für ihre Social-Media-Kanäle unter dem Hashtag #BollerwagenfailXL.

Und während du dort stehst, halb versunken im Sand, mit einem Bollerwagen, der sich benimmt wie ein störrisches Maultier, erkennst du die universelle Wahrheit des Campings: Manchmal ist der Weg das Ziel – und manchmal ist der Weg eine einzige Katastrophe.

–Was du NICHT tun solltest–

- ✗ Den Wagen noch schwerer beladen. („Jetzt ist es eh' schon egal.")
- ✗ Denken, dass „ziehen" besser funktioniert als „schieben" (oder umgekehrt).

✗ Deinen Kindern anbieten, im Wagen mitzufahren. („Es ist ja nur ein bisschen Sand.")

✗ Aufgeben und alles im Sand zurücklassen. (Obwohl der Gedanke verlockend ist.)

-4 Wege, diese Katastrophe zu überstehen-

1. Erkenne, dass Physik existiert und Sand ihre liebste Spielwiese ist.
2. Verteile das Gewicht auf mehrere Personen und mehrere Gänge.
3. Investiere in einen Bollerwagen mit noch breiteren Reifen für den nächsten Urlaub.
4. Erwäge die Anmietung eines Strandbuggys (oder eines Hubschraubers).

-Überlebenden-Bericht-

„Ich war so stolz auf meinen neuen Bollerwagen mit den dicken Luftreifen. ‚Damit schaffen wir alles in einem Gang zum Strandplatz', sagte ich zu meiner Frau.
Zwei Meter im Sand später hatte ich bereits drei neue Muskelgruppen entdeckt und mein Vokabular um kreative Wortkombinationen erweitert. Die letzten 50 Meter haben wir den Wagen getragen – zu zweit, während die Kinder kichernd nebenher liefen."
– Markus B., Bollerwagen-Veteran

Merke

Ein Bollerwagen im Sand ist wie eine Beziehung ohne Kommunikation – man kann ziehen und schieben so viel man will, man kommt einfach nicht vom Fleck.

Wohnmobil- und Wohnwagen-Wahnsinn

1. Die Kunst, ein 7-Meter-Mobil auf einem 5-Meter-Stellplatz zu parken

Was sind die Augenblicke im Leben eines Wohnmobilisten, die man nie vergisst? Der erste Sonnenuntergang am Meer. Das perfekte Lagerfeuer. Aber auch diese Situation, wenn du mit schweißnasser Stirn versuchst, deinen rollenden Palast auf einem Stellplatz zu parken, der offensichtlich für einen Smart konzipiert wurde.

-Wie es dazu kommt-

Du hast online gebucht. „Stellplatz mit Meerblick", stand da. Was nicht erwähnt wurde: Der Meerblick ist nur dann garantiert, wenn du dein Wohnmobil senkrecht aufstellen könntest. Und die Bilder auf der Website wurden offensichtlich mit einem Weitwinkelobjektiv aufgenommen, das selbst eine Besenkammer wie einen Ballsaal aussehen lässt.

-Was dann passiert-

Phase 1: Die Verleugnung

- Du: „Das wird schon passen."
- Dein Beifahrer: -vielsagender Blick-
- Du: „Ich hab' schon engere Lücken gemeistert."
- Dein Beifahrer: -beginnt, das Testament zu aktualisieren-

Phase 2: Die Erkenntnis

Dir wird klar, dass Physik keine persönliche Meinung ist. Dein 7-Meter-Koloss wird nicht magisch schrumpfen, nur weil du es dir ganz fest wünschst.

Phase 3: Das Spektakel

Während du den siebzehnten Anlauf nimmst, hat sich eine beachtliche Zuschauergruppe gebildet. Campingnachbarn, die ihre Campingstühle strategisch positioniert haben, Kinder, die Wetten abschließen, und ein älterer Herr, der wenig hilfreich mit seiner Wasserwaage winkt.

–Was du NICHT tun solltest–

✗ So tun, als wäre das alles Teil deines Plans.
✗ Behaupten, dein Wohnmobil sei eigentlich ein „Kompaktmodell".
✗ Die Stellplatznummer noch einmal prüfen, während du bereits halb eingeparkt bist.
✗ Deinen Beifahrer fragen: „Wie viel Platz hab' ich noch?" (Die Antwort ist immer: „Keinen.")

–4 Wege, diese Katastrophe zu überstehen–

1. Finde dich damit ab, dass du zum Unterhaltungsprogramm des Campingplatzes geworden bist.
2. Nutze die Gelegenheit, um neue Freunde zu finden. Nichts verbindet mehr als gemeinsames Leiden.
3. Lerne die Kunst des „kreativen Parkens" auch bekannt als „Irgendwie wird's schon gehen".
4. Investiere in eine Fernbedienung mit Parkassistent (oder einen Beifahrer mit besseren Nerven).

–Überlebenden-Bericht–

„Ich dachte, ich hätte einen schwarzen Gürtel im Einparken. Dann kam dieser Stellplatz. Jetzt habe ich einen schwarzen Gürtel im Schwitzen und kreative Fluchvokabeln, die selbst alte Seebären beeindrucken würden."
– Andreas K., Wohnmobil-Parkplatz-Überlebender

–Hätte noch schlimmer kommen können ...–

Stell dir vor, du hättest es endlich geschafft, perfekt einzuparken – nur, um festzustellen, dass du auf dem falschen Stellplatz stehst. Oder noch schlimmer: Du parkst ein, atmest erleichtert aus, und dann kommt der Nachbar mit seinem 8-Meter-Wohnmobil und parkt mit Leichtigkeit ein.

Merke !

Ein Wohnmobil ist wie das Ego – meistens größer als der verfügbare Platz. Aber mit genug Geduld, Schweiß und der Bereitschaft, zur Abendunterhaltung zu werden, findest du irgendwann deinen Platz in der Welt. Oder zumindest auf dem Campingplatz.

2. Die Legende vom „wasserdichten" Fenster

Jeder kennt Mythen, die sich hartnäckig halten: das Monster von Loch Ness, Bigfoot und das absolut wasserdichte Wohnwagenfenster. Mindestens zwei davon sind definitiv der Fantasie entsprungen.

-Wie es dazu kommt-

Du hast die Dichtungen geprüft, die Fenster ordnungsgemäß verschlossen, sogar die Gebrauchsanweisung gelesen. (Ja, wirklich!) Was du nicht bedacht hast: Dein Wohnwagen hat einen heimlichen Pakt mit den Naturgewalten geschlossen, der besagt, dass Wasser immer einen Weg finden wird – vorzugsweise direkt über dein Kopfkissen.

-Was dann passiert-

Phase 1: Die Vorfreude

- Draußen: -beginnt es sanft zu regnen-
- Du: „Wie gemütlich, im Trockenen zu sitzen und dem Regen zu lauschen!"
- Dein Wohnwagen: -kichert leise in Wohnwagen-Sprache-

Phase 2: Das erste Anzeichen

Ein verdächtiges Glitzern an der Fensterlaibung. Ist das ...? Nein, kann nicht sein. Du hast doch erst letztes Jahr die Dichtungen erneuert!

Phase 3: Die Sintflut

Was als einzelner, unschuldiger Tropfen begann, entwickelt sich zur Nachbildung der Niagarafälle – direkt über deinem Bett. Dein Wohnwagen demonstriert eindrucksvoll, dass „wasserdicht" ein relativer Begriff ist, etwa wie „kurz anhalten" beim Shoppen.

-Was du NICHT tun solltest-

✗ Die Physik des Wassers anzweifeln. („Es kann doch nicht von UNTEN nach OBEN fließen!")

✗ Denken, dass mehr Silikon die Lösung aller Probleme ist.

- ✗ Die Garantiekarte suchen. Die ist längst vom Wasser aufgelöst.
- ✗ Dich fragen, ob du das Fenster vielleicht doch nicht richtig geschlossen hast. – Hast du, es ist einfach nicht wasserdicht.

–4 Wege, diese Katastrophe zu überstehen–

1. Entwickle ein Auffangsystem aus strategisch platzierten Töpfen und Schüsseln.
2. Lerne, den rhythmischen Klang von Wassertropfen als Einschlafhilfe zu schätzen.
3. Überlege, ob du nicht besser eine Karriere als U-Boot-Kapitän anstreben solltest.
4. Investiere in wasserfeste Bettwäsche. (Ja, sowas gibt es wirklich!)

–Überlebenden-Bericht–

„Nach drei Campingurlauben habe ich aufgehört, mich zu beschweren und habe angefangen, Eimer zu sammeln. Meine Freunde nennen mich jetzt ‚Der Eimermann'. Ich habe für jedes Wetter und jede Leckage den passenden Behälter. Mein Wohnwagen ist nicht wasserdicht, aber meine Eimer-Strategie ist es."
– Christian R., Eimer-Sammler und Wohnwagen-Besitzer

–Hätte noch schlimmer kommen können ...–

Stell dir vor, das Wasser hätte nicht nur dein Bett, sondern auch dein Smartphone gefunden. Oder noch schlimmer:
Es regnet in der einzigen Nacht, in der du vergessen hast, deine wasserdichte Dokumententasche zu schließen.

Merke !

Ein wasserdichtes Wohnwagenfenster ist wie eine Diät im Urlaub – eine schöne Theorie, die in der Praxis selten funktioniert. Aber mit genug Humor, Eimern und der Fähigkeit, im Nassen zu schlafen, wirst du auch diese Herausforderung meistern.

3. Wenn der Toilettentank voller ist als gedacht

Kennst du auch diese Momente im Campingleben, die man gerne aus dem Gedächtnis streichen würde? Der erste ist, wenn du feststellst, dass du die Zahnpasta vergessen hast. Der zweite ist, wenn du merkst, dass dein Toilettentank deutlich voller ist als deine Optimismus-Reserven.

-Wie es dazu kommt-

Du hast die Anzeige ignoriert. Diese kleine rote Lampe, die seit Tagen blinkt? Bestimmt nur ein Wackelkontakt! Die leicht beunruhigenden Geräusche beim Spülen? Sicher nur die Akustik in diesen modernen Wohnmobilen! Deine innere Stimme, die „Entleere den Tank!" schreit? Wahrscheinlich nur Einbildung!

-Was dann passiert-

Phase 1: Die Verdrängung

- Die Anzeige: -leuchtet bedrohlich rot-
- Du: „Das hält bestimmt noch einen Tag!"
- Der Tank: -lacht in Abwasser-Sprache-

Phase 2: Die Warnsignale

Die Toilette spült langsamer als eine Schnecke mit Rückenschmerzen. Ein verdächtiger Geruch macht sich bemerkbar, den selbst drei Sprühstöße Raumduft nicht kaschieren können.

Phase 3: Der Punkt ohne Wiederkehr

Mitten in der Nacht, weit weg von jeder Entsorgungsstation, erreicht der Tank seinen persönlichen Höchststand.
Was folgt, ist ein Ereignis, das in die Familienchronik eingehen wird. (Allerdings nicht im Kapitel „Schöne Erinnerungen".)

-Was du NICHT tun solltest-

✗ So tun, als wäre nichts passiert. („Das ist bestimmt nur der Nachbar.")

✗ Versuchen, das Problem mit „noch einem kleinen Spülgang" zu lösen.

✗ Die Schuld auf die Tankgröße schieben. („Wer baut auch so kleine Tanks ein?")

✗ Deinen Mitreisenden vorschlagen, doch „die Natur zu nutzen". Besonders nicht auf einem vollen Campingplatz.

-4 Wege, diese Katastrophe zu überstehen-

1. Verstehe, dass du jetzt zum Entsorgungsexperten wirst.
2. Plane eine Notfall-Entsorgungsmission (auch bekannt als: „Die große Suche nach der nächsten Dump-Station").
3. Lerne die Kunst des wassersparenden Spülens. Weniger ist manchmal mehr.
4. Investiere in einen Reservetank – oder bessere Planungsfähigkeiten.

-Überlebenden-Bericht-

„Ich dachte immer, ich sei gut im Schätzen von Füllständen. Dann kam dieser eine Campingurlaub. Jetzt habe ich eine App, die mir den Füllstand anzeigt, drei Reservetanks und einen Therapietermin für meine neu entwickelte Tankphobie."

– Sandra M., Toilettentank-Traumatisierte

-Hätte noch schlimmer kommen können ...-

Stell dir vor, der Tank hätte seinen kritischen Punkt genau dann erreicht, als deine Schwiegereltern zu Besuch kamen. Oder noch schlimmer: während eines romantischen Abendessens im Wohnmobil.

Merke !

Ein Toilettentank ist wie ein schlechter Witz: Man weiß nie genau, wann er kommt, aber wenn er da ist, will ihn keiner haben. Mit der richtigen Mischung aus Vorsicht, Planung und der Bereitschaft, mitten in der Nacht eine Entsorgungsstation zu suchen, wirst du auch diese Herausforderung meistern. Oder zumindest eine gute Geschichte für den nächsten Grillabend haben.

4. Die Wasserwaagenwahrheit: Warum dein Wohnwagen niemals 100 % gerade steht

Was gehört zu den universellen Wahrheiten im Campingleben? Der Nachbar schnarcht immer lauter als du. Der Kühlschrank gibt immer dann den Geist auf, wenn du ihn gerade mit Frischem gefüllt hast. Und dein Wohnwagen wird niemals – wirklich niemals – vollkommen gerade stehen.

-Wie es dazu kommt-

Du hast die perfekte Stelle ausgesucht, mit der Wasserwaage in allen drei Dimensionen geprüft, Ausgleichskeile in mathematisch berechneten Winkeln positioniert. Was du nicht bedacht hast: Das Universum hat einen ausgeprägten Sinn für Humor, besonders wenn es um die Gesetze der Schwerkraft geht.

-Was dann passiert-

Phase 1: Der Optimismus

- Du: -platzierst die Keile mit der Präzision eines Schweizer Uhrmachermeisters-
- Dein Partner: -beobachtet dich skeptisch aus sicherer Entfernung-
- Du: „Diesmal wird es perfekt!"
- Das Universum: -kichert kosmisch-

Phase 2: Die Illusion

Die Wasserwaage zeigt fast perfekte Ausrichtung. Du klopfst dir selbst auf die Schulter und erklärst dich zum Meister der horizontalen Ebene.

Phase 3: Die nächtliche Wahrheit

Um 3 Uhr morgens wachst du auf und stellst fest, dass du langsam aber sicher in Richtung Kühlschrank rollst. Dein Kopfkissen ist längst auf Wanderschaft gegangen, und die Wasserflasche auf dem Tisch neigt sich in einem Winkel, der selbst den Schiefen Turm von Pisa beeindrucken würde.

-Was du NICHT tun solltest-

✗ Die Wasserwaage beschuldigen: „Die muss kaputt sein!"
✗ Behaupten, dass ein leichtes Gefälle gut für die Durchblutung ist.
✗ Versuchen, den Wohnwagen mitten in der Nacht neu auszurichten.
✗ Dich fragen, ob du vielleicht an Gleichgewichtsstörungen leidest.

-4 Wege, diese Katastrophe zu überstehen-

1. Betrachte die Schräglage als Teil des authentischen Campingerlebnisses.
2. Entwickle ein Keilsystem, das NASA-Ingenieure beeindrucken würde.
3. Lerne, in jeder Position zu schlafen (auch wenn dein Körper langsam Richtung Tür wandert).
4. Investiere in rutschfeste Matten für alles, was nicht niet- und nagelfest ist.

-Überlebenden-Bericht-

„Nach fünf Jahren Camping habe ich aufgehört, nach der perfekten Horizontalen zu suchen. Stattdessen habe ich gelernt, die ‚kreative Schräglage' zu nutzen. Mein Wohnwagen steht jetzt so, dass das Bier von selbst zum Kühlschrank rollt und die schmutzigen Teller automatisch zum Spülbecken wandern."
– Martin K., Schräglage-Philosoph

-Hätte noch schlimmer kommen können ...-

Stell dir vor, du hättest endlich die perfekte Ausrichtung gefunden, nur um festzustellen, dass du auf dem falschen Stellplatz stehst. Oder noch schlimmer: Du richtest alles perfekt aus, und dann kommt ein Sturm, der deinen Wohnwagen in eine völlig neue Position rückt.

Merke

Mit der perfekten Horizontale im Wohnwagen ist es wie mit dem Yeti. Viele behaupten, ihn gesehen zu haben, aber handfeste Beweise gibt es nicht. Mit genug Keilen, Geduld und der Bereitschaft, morgens an einer anderen Stelle aufzuwachen als du eingeschlafen bist, wirst du lernen, die kreative Schräglage als Teil des Abenteuers zu schätzen.

5. Die Wahrheit über Vorzelte: Sie sind des Teufels

Wir alle kennen Dinge im Leben, die auf dem Papier fantastisch klingen: selbstgemachte Mayonnaise, eine Dauerwelle und das Vorzelt deines Wohnwagens. In der Theorie eine geniale Erweiterung deines Wohnraums. In der Praxis ein Portal in die neunte Hölle der Campingverzweiflung.

-Wie es dazu kommt-

Du hast die Werbebilder gesehen: Glückliche Familien, die entspannt im geräumigen Vorzelt sitzen, während draußen ein sanfter Sommerregen fällt.

Was die Bilder nicht zeigen: Die stundenlange Aufbau-Tortur, zwei Ehekrisen und einen Nervenzusammenbruch, der dem Ganzen vorausging.

-Was dann passiert-

Phase 1: Die Naivität

- Du: „Dieses Jahr bauen wir das Vorzelt auf! Wird bestimmt toll!"
- Dein Partner: -unterdrücktes Stöhnen-
- Die Campingnachbarn: -schließen diskret Wetten ab, wie lange eure Beziehung noch hält-

Phase 2: Der Kampf

Was als einfaches Projekt beginnt, entwickelt sich schnell zu einer Mischung aus Extremsport, Geduldsprobe und improvisiertem Paartherapie-Workshop. Plötzlich entdeckst du Vokabeln, von denen du nicht wusstest, dass sie in deinem Wortschatz existieren.

Phase 3: Die Kapitulation

Nach vier Stunden, drei verlorenen Heringen, zwei gebrochenen Fingernägeln und einem mysteriös verschwundenen Gummihammer steht das Vorzelt endlich – mehr oder weniger. Es hat zwar mehr Falten als eine 100-jährige Schildkröte und hängt schiefer als deine Steuererklärung, aber es steht. Irgendwie. Die Reißverschlüsse schließen nur, wenn man gleichzeitig in die Hocke geht und ein altes Camperlied summt. Eine Ecke flattert munter im Wind, weil dort ein Hering im unterirdischen Stromkabel steckt. Die Bodenplane wellt sich wie die Nordsee bei Flut, und der Eingang ist genau dort, wo ihr ihn nicht haben wolltet. Aber ihr seid zu erschöpft, um noch irgendetwas zu ändern. Mit letzter Kraft schleppst du dich zum Campingstuhl, lässt dich hineinfallen und murmelst: „Nächstes Jahr buchen wir ein Hotel."

-Was du NICHT tun solltest-

✗ Deinem Partner vorwerfen, die Heringe falsch einzuschlagen.
✗ Behaupten, dass die Falten „Teil des Designs" sind.
✗ Versuchen, das Vorzelt bei Windstärke 7 aufzubauen.

-4 Wege, diese Katastrophe zu überstehen-

1. Erkenne, dass der Aufbau eines Vorzelts ein Marathon ist, kein Sprint.
2. Plane genug Zeit ein. Und mit „genug" meine ich: doppelt so viel, wie du denkst.
3. Lerne die Kunst der Zelt-Diplomatie. („Nein, Schatz, DU machst das großartig!")
4. Investiere in ein Notfall-Kit: Pflaster, Schokolade und vielleicht eine Flasche Wein.

-Überlebenden-Bericht-

„Nach unserem ersten Vorzelt-Aufbau haben wir drei Tage nicht miteinander gesprochen. Beim zweiten Mal hatten wir eine Strategie: Ich baue auf, sie geht einkaufen. Bei der Rückkehr steht das Vorzelt, ich bin erschöpft, aber glücklich, und sie hat Wein mitgebracht. So kann eine Ehe funktionieren." – Daniel B., Vorzelt-Überlebender

-Hätte noch schlimmer kommen können ...-

Stell dir vor, du hättest das Vorzelt endlich aufgebaut – nur um festzustellen, dass du es verkehrt herum angebracht hast. Oder noch schlimmer: Ein plötzlicher Sturm verwandelt dein mühsam errichtetes Meisterwerk in ein fliegendes Objekt, das majestätisch über den Campingplatz segelt.

Merke

Ein Vorzelt ist wie eine Beziehung. Es erfordert Geduld, Kompromissbereitschaft und die Fähigkeit, gelegentliche Zusammenbrüche mit Humor zu nehmen. Mit der richtigen Einstellung, ausreichend Werkzeug und der Bereitschaft, deine Ehe auf die Probe zu stellen, wirst du am Ende stolz auf dein schiefes, faltiges, aber funktionierendes Vorzelt blicken können. Zumindest, bis der erste Sturm kommt.

Zelt-Zaubereien

1. Die Illusion der „2-Minuten-Aufbauzeit"

Der Werbespot zeigt einen lächelnden Familienvater, der mit einer eleganten Handbewegung ein Zelt in die Luft wirft, das sich wie von Zauberhand selbst aufbaut. Zwei Sekunden später sitzt die Familie bereits mit Aperol Spritz in der Hand vor ihrem perfekt aufgestellten Domizil. Willkommen in der Parallelwelt der Zeltwerbung, in der Physik optional ist und Schwerkraft eine Empfehlung.

-Wie es dazu kommt-

Du hast dich von den magischen Worten „sekundenschneller Aufbau" und „kinderleichte Handhabung" verführen lassen. Was in der Produktbeschreibung nicht stand: Diese Aussagen wurden unter Laborbedingungen getestet – von einem Team professioneller Zeltaufbauer mit jahrelanger Erfahrung, bei Windstille, auf einer perfekt ebenen Fläche und nach 47 Probeläufen.

-Was dann passiert-

Phase 1: Die Euphorie

- Du: „Schatz, ich hab's im Griff. Laut Anleitung sind wir in zwei Minuten fertig!"

- Das Zelt: -kichert leise-
- Die Zuschauer (deine Familie): -nehmen vorsorglich schon mal Plätze mit guter Sicht ein-

Phase 2: Die erste Ernüchterung

Du realisierst, dass die „intuitive Faltmechanik" etwa so intuitiv ist wie Quantenphysik auf Chinesisch. Die Stangen schnellen in alle Richtungen – nur nicht in die vorgesehenen Kanäle.

Phase 3: Die Verzweiflung

Nach 20 Minuten hast du etwas erschaffen, das eher an eine abstrakte Skulptur erinnert, als an ein Zelt. Die Nachbarn werfen bereits mitleidige Blicke herüber, während dein Partner diskret nach der Nummer des nächsten Hotels sucht.

-Was du NICHT tun solltest-

- ✗ Die Bedienungsanleitung wegwerfen. („Echte Camper brauchen sowas nicht?")
- ✗ Behaupten, du hättest das absichtlich so aufgebaut. („Das ist ein experimentelles Design.")
- ✗ Mit roher Gewalt vorgehen, denn Zeltstangen haben ein Gedächtnis für Rache!
- ✗ Deinen Nachbarn um Hilfe bitten – außer, du willst zur Campingplatz-Witzfigur werden.

-4 Wege, diese Katastrophe zu überstehen-

1. Lerne, dass „2 Minuten" in Zeltherstellersprache „irgendwann heute noch" bedeutet.
2. Nimm dir Zeit für einen Probeaufbau zu Hause. (Ja, auch im Wohnzimmer.)
3. Filme den Abbau und spiele das Video beim nächsten Mal rückwärts ab.
4. Investiere in ein Zelt, das zu deinen tatsächlichen Fähigkeiten passt.

-Überlebenden-Bericht-

„Ich hatte ein ‚Schnellaufbauzelt' gekauft. Drei Stunden später bekam ich ein tieferes Verständnis für architektonische Herausforderungen und hatte vier neue Schimpfwörter erfunden."
– Alexander K., Zeltaufbau-Überlebender

-Hätte noch schlimmer kommen können ...-

Stell dir vor, es fängt an zu regnen, während du noch mit dem Aufbau kämpfst. Oder noch schlimmer: Dein Kind filmt deine Bemühungen und lädt sie unter dem Hashtag #ZeltfailDad auf TikTok hoch.

Merke

> Ein „2-Minuten-Zelt" ist wie eine „kurze Besprechung" im Büro – eine optimistische Schätzung, die mit der Realität nur entfernt verwandt ist.

2. Warum dein Zelt niemals so aussieht wie auf der Verpackung

Der magische Moment beim Auspacken eines neuen Zeltes: Das Foto auf der Verpackung zeigt ein architektonisches Meisterwerk, perfekt aufgebaut vor einem türkisblauen See, während im Hintergrund majestätische Berge in der Abendsonne glühen. Was die Verpackung nicht zeigt: Die 17 Photoshop-Ebenen, die drei professionellen Fotografen und den Innenarchitekten, der das Zelt für das Shooting postiert und dekoriert hat.

-Wie es dazu kommt-

Du hast ein Zelt gekauft, dessen Verpackung mehr verspricht als jede Dating-App-Beschreibung. „Geräumig", „luftig" und „mit Panoramafenstern" klang so verlockend. Was du nicht bedacht hast: Diese Adjektive wurden von denselben Leuten erfunden, die „gemütlich" als Umschreibung für „winzig" in Wohnungsanzeigen etabliert haben.

-Was dann passiert-

Phase 1: Die Erwartung

Du stellst dir vor, wie du morgens mit einer Kaffeetasse in der Hand den Sonnenaufgang durch dein „Panoramafenster" betrachtest und in deinem geräumigen Zelt den Urlaub genießt.

Phase 2: Die Enthüllung

Du stellst fest, dass das „geräumige Innenzelt" gerade so groß ist, dass du dich darin umdrehen kannst – vorausgesetzt, du hast vorher Yoga praktiziert. Das „Panoramafenster" entpuppt sich als handtellergroße Plastikfolie, durch die du bestenfalls erkennen kannst, ob es Tag oder Nacht ist.

Phase 3: Die Anpassung

Du beginnst, deine Erwartungen neu zu kalibrieren. „Eigentlich brauche ich gar nicht so viel Platz" und „Wer will schon die ganze Zeit aus dem Fenster schauen?", werden zu deinen neuen Mantras.

-Was du NICHT tun solltest-

✗ Die Verpackung mit dem idyllischen Bild neben deinem tatsächlichen Zelt fotografieren und an den Hersteller schicken.
✗ Versuchen, dein Zelt mit Photoshop-Filtern zu verschönern.
✗ Behaupten, du hättest absichtlich ein „minimalistisches" Modell gewählt.
✗ Die Schuld auf deine mangelnden Aufbaufähigkeiten schieben (auch wenn's stimmt).

-4 Wege, diese Katastrophe zu überstehen-

1. Erkenne, dass Zeltfotos und Realität in etwa so zusammenhängen wie Fast-Food-Werbung und das, was du dann wirklich serviert bekommst.
2. Lerne die Kunst der kreativen Interpretation von Produktbeschreibungen.
3. Entwickle einen Sinn für Humor. Er ist leichter zu transportieren als ein größeres Zelt.
4. Mache deine Erinnerungsfotos in den Abendstunden. Bei schlechter Beleuchtung sieht jedes Zelt besser aus.

-Überlebenden-Bericht-

„Als ich das Zelt auf der Verpackung sah, dachte ich, ich hätte ein mobiles Fünf-Sterne-Hotel gekauft. Was ich bekam, war eher eine Notunterkunft für Sardinen mit Platzangst. Aber hey, immerhin ist es wasserdicht ... meistens." – Andrea L., Verpackungsopfer

-Hätte noch schlimmer kommen können ...-

Stell dir vor, du hättest das Zelt für einen romantischen Campingtrip gekauft. Oder noch schlimmer: Du hättest deinen Freunden von deinem „luxuriösen Outdoor-Palast" vorgeschwärmt und sie zum Übernachten eingeladen.

Merke

> Ein Zelt auf der Verpackung verhält sich zur Realität wie dein Profilbild zu deinem Aussehen am Montagmorgen – eine optimistische Interpretation der Möglichkeiten.

3. Isomatte vs. Luftmatratze – ein Kampf, den du nicht gewinnen kannst

Wenige Entscheidungen im Leben eines Campers sind so folgenreich wie die zwischen Isomatte und Luftmatratze. Diese Wahl definiert nicht nur deinen Schlafkomfort, sondern auch deinen Charakter, deine Campingphilosophie und – nicht zu vergessen – wie viele Stunden du nachts wachliegen und deine Lebensentscheidungen überdenken wirst.

-Wie es dazu kommt-

Du stehst im Outdoor-Laden vor der Schlafunterlage-Abteilung und musst dich entscheiden: Gehst du den Weg des minimalistischen Isomatten-Puristen oder wählst du den vermeintlich komfortablen Pfad der Luftmatratze? Was dir niemand sagt: Beide Wege führen zu einer Nacht, in der du dir wünschst, du hättest einfach zu Hause bleiben können.

-Was dann passiert-

Phase 1: Die Entscheidung

- Team Isomatte: „Ich bin ein echter Outdoor-Mensch! Ich brauche keinen Luxus!"
- Team Luftmatratze: „Ich bin zu alt für diesen spartanischen Unsinn! Ich will schlafen wie zu Hause!"
- Dein Rücken: -lacht bereits diabolisch-

Phase 2: Die erste Nacht

Isomatten-Schläfer erkennen, dass eine 1,2 cm dicke Schaumstoffmatte überraschenderweise nicht den Komfort einer Tempur-Matratze bietet. Besonders nicht, wenn du das Talent hast, dein Zelt genau über der einzigen spitzen Wurzel im Umkreis von 100 Metern aufzubauen. Luftmatratzen-Enthusiasten hingegen erleben das mysteriöse Phänomen der „nächtlichen Deflation": Du gehst auf einer prallen Wolke zu Bett und wachst auf dem harten Boden auf, umgeben von einem schlaffen Plastikumhang.

Phase 3: Die Anpassung

Nach drei Nächten hast du entweder
a) gelernt, in Embryonalstellung auf deiner Isomatte zu schlafen, um die weichen Stellen zu finden oder
b) ein System aus nächtlichen Aufpump-Alarmen für deine Luftmatratze entwickelt.

-Was du NICHT tun solltest-

- ✗ Deine Isomatte mit Gras oder anderen Naturmaterialien „aufpolstern".
- ✗ Deine Luftmatratze so prall aufpumpen, dass sie zur Startrampe für Mondmissionen wird.
- ✗ Mitten in der Nacht zum Auto schleichen, um dort zu schlafen. (Alle wissen es!)
- ✗ Behaupten, du würdest „den Sternenhimmel genießen", während du eigentlich vor Rückenschmerzen nicht schlafen kannst.

–4 Wege, diese Katastrophe zu überstehen–

1. Investiere in eine selbstaufblasende Matte – der vernünftige Kompromiss für Erwachsene.
2. Teste deine Schlafunterlage VOR dem Trip (eventuell auch im Wohnzimmer).
3. Akzeptiere, dass Camping und Schlafkomfort zwei Konzepte sind, die sich nur selten treffen.
4. Packe genug Schmerztabletten ein (für den Rücken) und Ohrstöpsel (für die Nachbarn, die deine nächtlichen Positionswechsel hören).

–Überlebenden-Bericht–

„Nach einer Woche auf der Isomatte kannte ich jede Konstellation am Nachthimmel. Nicht weil ich Astronomie liebe, sondern weil ich keine einzige Minute geschlafen habe."

– Mattias R., Isomatten-Veteran

–Hätte noch schlimmer kommen können ...–

Stell dir vor, deine Luftmatratze entwickelt mitten in der Nacht ein Leck, und das einzige Geräusch, das lauter ist als die entweichende Luft, ist das Lachen deines Partners, der auf einer Isomatte schläft. Oder noch schlimmer: Du wachst auf und stellst fest, dass deine teure Isomatte über Nacht von Mäusen als Snack missbraucht wurde.

Merke

> Der Kampf zwischen Isomatte und Luftmatratze ist wie der zwischen Kaffee und Tee. Am Ende geht es darum, was dich am wenigsten leiden lässt, nicht was am besten ist.

Wetter-Wahnsinn

1. Das Wetterphänomen „Campingwochenende": Garantiert Regen, sobald das Fahrzeug beladen ist

Selbst die klügsten Wissenschaftler können sich manche Naturphänomene nicht erklären. Das Bermudadreieck, Feenkreise in Afrika, schwarze Löcher und das mysteriöse Phänomen, dass es IMMER zu regnen beginnt, exakt in dem Moment, in dem du den letzten Campingstuhl ins Auto gequetscht hast.

-Wie es dazu kommt-

Du hast wochenlang den Wetterbericht studiert, drei verschiedene Wetter-Apps installiert und sogar die Bauernregeln deiner Großmutter konsultiert. „Sonnig mit leichter Bewölkung" war die einhellige Prognose. Was die Meteorologen nicht wussten: Dein Auto ist vollgepackt mit Campingausrüstung – dem zuverlässigsten Regenmagnet seit Erfindung des Regentanzes.

-Was dann passiert-

Phase 1: Die Verleugnung

- Du: „Das sind nur ein paar Tropfen."
- Der Himmel: -öffnet sämtliche Schleusen-

- Du: „Das zieht bestimmt gleich vorbei."
- Der Himmel: -lacht aus Gewitterwolken-

Phase 2: Die Verhandlung

Der verzweifelte Versuch, mit höheren Mächten zu verhandeln: „Wenn es jetzt aufhört zu regnen, verspreche ich, nie wieder über Wetterfrösche zu lästern."
Spoiler: Die höheren Mächte hören nicht zu. Sie sind zu beschäftigt damit, weitere Regenwolken über deinen Campingplatz zu schieben.

Phase 3: Die Resignation

Du erkennst, dass dein Campingwochenende nun offiziell unter Wasser steht – im wahrsten Sinne des Wortes. Deine wasserdichte Jacke entpuppt sich als „wasserdicht bei leichtem Nieselregen, aber nicht bei sintflutartigen Wolkenbrüchen".

-Was du NICHT tun solltest-

✗ Die Wettervorhersage noch einmal checken. Das ist wie Salz in die Wunde streuen.
✗ Dein Zelt in einer natürlichen Senke aufbauen. Außer du planst ein Unterwasser-Camping.
✗ Deine Regenjacke im Auto lassen. („Ist ja nur ein kurzer Weg zum Zeltplatz.")
✗ Optimistisch bleiben, denn das macht es nur schlimmer.

-4 Wege, diese Katastrophe zu überstehen-

1. Sieh dich als menschlichen Regentänzer.
2. Baue dein Zelt auf, als wäre Noah dein Mentor.
3. „Plan B" entwickeln, der aus wasserdichten Planen, Gummistiefeln und einer gesunden Portion Galgenhumor besteht.
4. Investiere in wasserdichte Behälter für ALLES.

-Überlebenden-Bericht-

„Die letzten drei Wochen: nur Sonnenschein. Dann packte ich mein Campingzeug ins Auto und plötzlich meldeten die Nachrichten eine ‚unerwartete Regenfront'. Zufall? Ich glaube nicht."
– Christoph T., Schönwetter-Camper im Ruhestand

–Hätte noch schlimmer kommen können ...–

Stell dir vor, es hätte nicht nur geregnet, sondern geschneit. Im August. Oder noch schlimmer: Der einzige trockene Platz weit und breit wäre direkt neben der Familie mit den Bluetooth-Lautsprechern und der Vorliebe für Schlagermusik.

Merke

> Regen beim Camping ist wie ein ungebetener Gast. Er kommt immer zum ungünstigsten Zeitpunkt, bleibt länger als erwünscht und hinterlässt überall seine Spuren.

2. Hitzewellen im Wohnmobil: Wenn's im Kühlschrank wärmer ist als draußen

Es gibt diese Tage im Camperleben, an denen du dich fragst, ob du versehentlich in einem Backofen übernachtest. Die Antwort ist: Ja, tust du. Dein schickes Wohnmobil verwandelt sich bei Temperaturen über 30 Grad in einen rollenden Konvektionsofen mit Panoramafenstern für optimale Sonneneinstrahlung.

–Wie es dazu kommt–

Du hast dich auf einen entspannten Sommerurlaub gefreut. Was die Reisebroschüren verschwiegen haben: Wohnmobile bestehen aus Materialien, die Hitze nicht nur speichern, sondern regelrecht zelebrieren. Dein Dachfenster ist zwar offen, aber die einzige Luftbewegung stammt vom verzweifelten Wedeln mit deinem Campingführer.

–Was dann passiert–

Phase 1: Die Illusion

- 08:00 Uhr: „Herrlich, so ein sonniger Tag!"
- 10:00 Uhr: „Bisschen warm, aber noch angenehm."
- 12:00 Uhr: „Vielleicht sollten wir die Markise ausfahren ..."
- 14:00 Uhr: „Kann Aluminium eigentlich schmelzen?"

Phase 2: Die Erkenntnis

Du stellst fest, dass dein Wohnmobil nicht nur ein Fahrzeug ist, sondern ein hocheffizientes Hitzespeichersystem. Die Butter auf deinem Brot schmilzt schneller, als du „Klimaanlage nachrüsten" sagen kannst. Dein Kühlschrank kämpft einen aussichtslosen Kampf gegen die Naturgesetze und gibt schließlich auf. Mit dem Ergebnis, dass dein Bier nun die perfekte Temperatur für Tee hat.

Phase 3: Die Verzweiflung

Alle Fenster sind geöffnet, alle verfügbaren Lüfter laufen auf Hochtouren, und du sitzt in Unterwäsche vor dem Kühlschrank, nicht um etwas herauszuholen, sondern in der verzweifelten Hoffnung auf einen Hauch Kühle. Die Außentemperatur von 35 Grad fühlt sich plötzlich wie eine erfrischende Brise an.

-Was du NICHT tun solltest-

- ✗ Deinen Hund fragen, warum er ständig hechelt. (Er fragt sich dasselbe über dich.)
- ✗ Deine Vorräte an Tiefkühlpizza als Kühlpacks zweckentfremden, denn das Ende ist vorhersehbar.
- ✗ Glauben, dass „es nachts bestimmt abkühlt". (In einem Wohnmobil – niedlicher Versuch!)
- ✗ Vergessen, Wasser zu trinken, außer du möchtest als Campingmumie enden.

-5 Wege, diese Katastrophe zu überstehen-

1. Dein Wohnmobil strategisch im Schatten parken. (Kämpfe notfalls darum.)
2. Alle verfügbaren Fenster und Dachluken öffnen.
3. Feuchte Handtücher vor die Lüfter hängen. (Funktioniert überraschend gut.)
4. Den nächsten See, Fluss oder Hydranten ansteuern.
5. Befreunde dich mit Campern, die eine Klimaanlage haben. Natürlich schon präventiv zu Beginn des Urlaubs.

-Überlebenden-Bericht-

„Ich bin nach 20 Jahren in der Wüste eigentlich hitzeresistent. Dann verbrachte ich einen Augusttag in meinem Wohnmobil und lernte, dass es einen Unterschied gibt zwischen ‚heiß' und ‚Wohnmobil-im-Sommer-heiß'." – Sebastian K., ehemaliger Wüstenforscher

-Hätte noch schlimmer kommen können ...-

Stell dir vor, die Hitzewelle hätte deine Schokoladenvorräte erwischt. Oder noch schlimmer: Du hättest vergessen, die Sonnencreme einzupacken und müsstest nun mit einem Sonnenbrand in der Farbe „gekochter Hummer" in deinem rollenden Backofen ausharren.

Merke

Ein Wohnmobil im Sommer ist wie eine Beziehung – manchmal braucht man einfach etwas Abstand, um nicht durchzudrehen.

3. Die Kunst, bei Sturmböen so zu tun, als wäre alles unter Kontrolle

Manchmal beschließt Mutter Natur, dir zu zeigen, wer wirklich das Sagen hat. Und nichts demonstriert das eindrucksvoller als ein unangekündigter Sturm, der dein sorgfältig aufgebautes Campingreich in ein Freiluft-Flugexperiment verwandelt.

-Wie es dazu kommt-

Du hast deinen Platz perfekt eingerichtet. Das Vorzelt steht, die Campingstühle sind positioniert, sogar die dekorative Lichterkette hängt stimmungsvoll im Baum. Was du übersehen hast: Die kleinen, unscheinbaren Sturmwarnungen in der Wetter-App, die du seit Tagen ignorierst, weil sie nicht in deine Urlaubsplanung passen.

-Was dann passiert-

Phase 1: Die Verdrängung

- Wind: -frischt leicht auf-
- Du: „Ein bisschen frische Brise tut gut!"

- Wind: -wird stärker-
- Du: „Vielleicht sollte ich die Campingstühle näher zusammenrücken ..."

Phase 2: Die Panik

Der Moment, in dem dir klar wird, dass „leichte Sturmböen" in der Wettervorhersage bedeutet: „Halte alles fest, was nicht wegfliegen soll". Dein Vorzelt beginnt, verdächtige Geräusche von sich zu geben: Eine Mischung aus protestierendem Zeltstoff und Heringen, die langsam ihren Halt verlieren. Die ersten Campingstühle rutschen bedenklich über den Boden.

Dein Blick wandert nervös zwischen dem wackelnden Vorzelt und den Nachbarparzellen hin und her, wo andere Camper bereits in hektische Aktivität verfallen sind. Die Windböen werden stärker, und plötzlich hebt sich eine Ecke deines Vorzelts wie zum Gruß (oder eher als Warnung). Dein Herz rast, während du verzweifelt nach zusätzlichen Heringen suchst, die du natürlich „irgendwo sicher verstaut" hast. Nur wo genau, das weiß niemand mehr.

Phase 3: Der Aktionismus

Mit der Würde eines Dirigenten und der Panik eines Feuerwehrmanns beim Großbrand versuchst du, gleichzeitig das Vorzelt festzuhalten, die davonfliegenden Campingstühle einzufangen und deinen Nachbarn zu signalisieren, dass du die Situation VÖLLIG unter Kontrolle hast. Währenddessen deine Unterhose im Wind flattert wie eine Kapitulationsflagge.

Du rennst von einer Ecke zur anderen, stemmst dich gegen Zeltstangen, die plötzlich ein Eigenleben entwickelt haben, und rufst deinem Partner Anweisungen zu, die im Heulen des Windes untergehen.

Zwischendurch versuchst du, ein entspanntes Lächeln aufzusetzen, wenn andere Camper vorbeischauen. „Alles bestens, nur ein bisschen Wind!" Deine Haare stehen in alle Richtungen ab, dein T-Shirt ist durchnässt vom plötzlichen Regenschauer, der sich zum Sturm gesellt hat, und deine Würde ist irgendwo zwischen den wegfliegenden Grillutensilien und den umgekippten Wasserflaschen verloren gegangen.

-Was du NICHT tun solltest-

✗ So tun, als wäre nichts. (Dein Vorzelt widerspricht dir lautstark.)
✗ Deine teuersten Besitztümer ungesichert lassen. Es sei denn, du wolltest sie schon immer mal fliegen sehen.
✗ Denken, dass es „gleich vorbeigeht". – Spoiler: tut es nicht!
✗ Dich weigern, Hilfe anzunehmen. (Dein Ego überlebt den Sturm nicht. Versprochen.)

-5 Wege, diese Katastrophe zu überstehen-

1. Kaufe RICHTIGE Sturmheringe (nicht diese dünnen Drahtdinger).
2. Alles sichern, was nicht niet- und nagelfest ist.
3. Zusätzliche Heringe und Sturmleinen anbringen. (Ja, BEVOR der Sturm kommt.)
4. Einen Notfallplan haben, der aus mehr besteht als „in Panik geraten".
5. Übe den Gesichtsausdruck „Ich habe alles unter Kontrolle" vor dem Spiegel.

-Überlebenden-Bericht-

„Ich dachte, ich hätte mein Vorzelt sturmsicher aufgebaut. Dann kam eine Böe, und plötzlich hatte der Campingplatz ein neues Gemeinschaftszelt (meins, drei Parzellen weiter)."
– Stefan B., ehemaliger Vorzeltbesitzer

-Hätte noch schlimmer kommen können ...-

Stell dir vor, der Sturm hätte nicht nur dein Vorzelt, sondern auch deine Badehose erwischt, während du unter der Campingplatz-Dusche standest. Oder noch schlimmer: Der einzige Gegenstand, der nicht weggeflogen ist, wäre die kitschige Campingdeko, die dein Partner gegen deinen Willen mitgebracht hat.

Merke !

Ein Sturm beim Camping ist wie ein unangekündigter Besuch der Schwiegereltern: Er kommt zum ungünstigsten Zeitpunkt, wirbelt alles durcheinander und hinterlässt dich mit der Frage, ob du wirklich ausreichend vorbereitet warst.

Tierische Begegnungen der dritten Art

1. Wie man einen schreienden Waschbären los wird

Unvergessliche Momente im Leben eines Campers: Der erste Sonnenaufgang am See. Das perfekt gegrillte Marshmallow. Und dann passiert es! Du wachst nachts um 3 Uhr auf und starrst in zwei große, reflektierende Augen, die definitiv nicht zu einem Mitglied deiner Familie gehören.

-Wie es dazu kommt-

Du warst echt clever. Du hast ALLE Lebensmittel in der verschlossenen Kühlbox verstaut. Was du nicht bedacht hast: Der süße Duft deines Wassermelonen-Handdesinfektionsmittels ist für einen Waschbären wie eine handgeschriebene Einladung zum Mitternachtssnack. Diese pelzigen Einbrecher haben Hände, die geschickter sind als die mancher Menschen, und sie scheinen einen Doktortitel zu haben in „Verschlüsse aller Art zu öffnen".

-Was dann passiert-

Phase 1: Die Verwirrung

- Du: -blinzelst verschlafen-
- Waschbär: -blinzelt höflich zurück-
- Du: -blinzelst nochmal, weil das ja wohl ein Traum sein muss-
- Waschbär: -beginnt, deine Campingausrüstung zu inventarisieren-

Phase 2: Die Erkenntnis

Jetzt kommt der Moment, in dem dir klar wird, dass du einen ungebetenen Mitbewohner hast, der a) definitiv nicht zahlen wird und b) gerade dabei ist, dein Zelt von innen zu inspizieren.

Phase 3: Die Panik

Der Waschbär, überrascht von deinem plötzlichen Interesse an seiner Anwesenheit, tut das, was Waschbären in solchen Situationen eben tun: Er schreit. Und glaub mir, wenn ich dir sage, dass ein schreiender Waschbär klingt wie eine Mischung aus einem rostigen Türscharnier und einem panischen Kleinkind bei der Zahnreinigung.

-Was du NICHT tun solltest-

✗ Den Waschbären „süß" nennen und ihm einen Namen geben.

✗ Versuchen, ein Selfie zu machen (#CampingLife ist es nicht wert).

✗ Ihm dein Handdesinfektionsmittel anbieten, auch wenn er sehr interessiert darauf starrt.

✗ So tun, als wärst du tot: Das interessiert den Waschbären nicht die Bohne!

-4 Wege, diese Katastrophe zu überstehen-

1. Ruhig bleiben. (Ja, ich weiß, leichter gesagt als getan.)
2. Langsam den Zelteingang öffnen. (So weit wie möglich).
3. Geräusche machen, die nicht nach einer sterbenden Türklinke klingen.
4. Dem Waschbären einen würdevollen Rückzug ermöglichen.

-Überlebenden-Bericht-

„Bisher dachte ich, Camping sei langweilig. Dann hatte ich um 3 Uhr morgens eine intensive Diskussion mit einem Waschbären über die Eigentumsrechte an meinem Handdesinfektionsmittel. Er hatte bessere Argumente ..." – Ingo M., überlebender Camper

-Präventivmaßnahmen für die Zukunft-

- Alles, was auch nur entfernt nach Essen riecht oder glänzt, kommt ins Auto.
- Investiere in einen waschbärensicheren Container. (Die gibt es wirklich.)
- Überdenke deine Wahl des Handdesinfektionsmittels.
- Schlafe mit einer Taschenlampe griffbereit. (Aber nicht mit einer, die nach Wassermelone riecht.)

-Hätte noch schlimmer kommen können ...-

Stell dir vor, der Waschbär hätte seine ganze Familie zum Camping-Brunch eingeladen. Oder noch schlimmer: Er hätte dein WLAN-Passwort gefunden und einen Blog über deine peinlichen Schlafgeräusche gestartet.

Merke

> Ein Waschbär im Zelt ist wie ein ungebetener Schwager auf der Hochzeitsreise. Keiner weiß genau, wie er hereingekommen ist, aber alle sind erleichtert, wenn er wieder weg ist.

2. Mücken und ihre unnatürliche Anziehung zu Campern

Oder:
Wie ich lernte, dass Blutspenden auch im Urlaub möglich ist

Die Natur zeigt dir ab und zu, dass du nur ein Gast in ihrem Reich bist. Und manchmal tut sie das, indem sie eine Armee von miniaturgroßen Vampiren schickt, die dich daran erinnern, dass du aus etwa fünf Litern sehr beliebtem Getränk bestehst.

-Wie es dazu kommt-

Der See sah so idyllisch aus. Die Wiese so einladend. Die Luftfeuchtigkeit so ... perfekt für eine Insektenparty der Extraklasse. Was du für einen traumhaften Campingplatz hieltst, entpuppt sich als All-You-Can-Eat-Buffet für die lokale Mückenpopulation. Und rate mal, wer das Buffet ist?

-Was dann passiert-

Phase 1: Die Verleugnung

- Du: „Ach, das sind doch nur ein paar Mücken."
- Die Mücken: -halten Nachbarschaftsversammlung ab-
- Du: „Ein bisschen Autan wird reichen."
- Die Mücken: -lachen in Summ-Sprache-

Phase 2: Die Erkenntnis

Während du noch damit beschäftigt bist, die erste Welle mit wildem Armwedeln zu vertreiben, hat sich die Nachricht von deiner Anwesenheit bereits in der Mücken-Community via Summ-Snap verbreitet: „Frisches Blut am See, Leute! Und es hat noch nicht mal ein Mückennetz!"

Phase 3: Die Verzweiflung

Du beginnst zu verstehen, dass dein Mückenspray etwa so effektiv ist wie ein Regenschirm bei einer Sintflut. Die kleinen Biester haben anscheinend einen Workshop „Umgang mit Insektenspray" besucht und haben mit Auszeichnung bestanden.

-Was du NICHT tun solltest-

✗ Hektisch umherspringen. (Das interpretieren sie als Einladung zum Tanz.)

✗ Dein Zelt ohne Mückennetz öffnen. (Sonst wird es zum Mücken-Casino.)

✗ Denken, dass sie nachts schlafen. Weit gefehlt – die machen Schichtdienst!

✗ Mit Parfüm oder Deo gegensteuern, denn das ist wie ein Dessert nach dem Hauptgang.

-3 Wege, diese Katastrophe zu überstehen-

1. Besorge ein Mückennetz, aber in ein RICHTIGES, nicht diese „luftige" Variante!
2. Trage lange, helle Kleidung, auch wenn du aussiehst wie ein Wartungstechniker auf Safari.
3. Bedenke vorab: Stelle dein Zelt nie direkt neben stehende Gewässer, auch wenn die Aussicht noch so schön ist.

-Überlebenden-Bericht-

„Bisher dachte ich, Mücken wären klein und harmlos. Dann campte ich am See und lernte, dass sie in Wahrheit organisierte Kampfeinheiten sind. Jetzt plane ich meine Campingtrips wie militärische Operationen – mit Aufklärung, Gegenstrategie und Rückzugsplan." – Maria S., gezeichnet von 157 Mückenstichen

-Hätte noch schlimmer kommen können ...-

Stell dir vor, die Mücken hätten ein Gewerkschaftstreffen einberufen und Überstunden beschlossen. Oder noch schlimmer: Sie hätten ihre Cousins, die Bremsen, zum Familientreffen eingeladen.

Merke !

Eine Mücke mag klein sein, aber eine Million ihrer engsten Freunde können selbst den enthusiastischsten Camper in die Flucht schlagen. Manchmal ist die beste Verteidigung ein klimatisiertes Hotelzimmer.

3. Warum Ameisen immer den Weg zu deiner Chipstüte finden

Oder: Wenn dein Zelt zur Autobahn wird

Der erste Kaffee am Morgen im Freien. Alles ist perfekt. Und dann kommt der Augenblick, wenn du feststellst, dass dein Zelt über Nacht zur meistbefahrenen Ameisenautobahn der Region geworden ist.

-Wie es dazu kommt-

Deine Platzwahl war perfekt: komplett eben, keine Steine, keine störenden Wurzeln. Was du nicht gesehen hast: Die dezente kleine Ameisenstraße, die genau dort verlief, wo jetzt dein Schlafplatz ist. Und dann war da noch eine einzelne, vergessene Gummibärchentüte in der Hosentasche. Und die reichte aus, um als „Einladung zum großen Ameisen-Festbankett" verstanden zu werden. Diese kleinen Krabbler haben ein Navigationstalent, das jedes GPS in den Schatten stellt, und einen Nachrichtendienst, der schneller arbeitet als das Internet.

-Was dann passiert-

Phase 1: Die Entdeckung

- Du: -wachst auf und spürst ein Kribbeln-
- Ameisen: -haben bereits eine Infrastruktur aufgebaut-
- Du: -reibst dir die Augen, weil der Boden sich bewegt-
- Ameisen: -haben einen Gewerkschaftsverband gegründet-

Phase 2: Die Erkenntnis

Dir wird klar, dass du nicht mehr Besitzer eines Zeltes bist, sondern unfreiwilliger Gastgeber einer Ameisen-Metropole mit eigenem Verkehrssystem und Vororten.

Phase 3: Die Panik

Jetzt stellst du fest, dass die Ameisen nicht nur einen WEG in dein Zelt gefunden haben, sondern gleich ein komplettes Straßennetz mit Hauptverkehrsadern, Umgehungsstraßen und sogar Fußgängerzonen angelegt haben.

-Was du NICHT tun solltest-

- ✗ Panik-Staubsaugen (Ja, manche Leute bringen tatsächlich einen Staubsauger mit.)
- ✗ Die Ameisen einzeln benennen und adoptieren.
- ✗ Versuchen, mit der Ameisenkönigin zu verhandeln.
- ✗ Ein „Betreten verboten"-Schild aufstellen.

-4 Wege, diese Katastrophe zu überstehen-

1. Ruhe bewahren, auch wenn dein Zelt gerade zur Ameisenzentrale geworden ist.
2. Alle Lebensmittel sofort aus dem Zelt entfernen.
3. Natürliche Barrieren errichten. (Kreidelinien sind deine Freunde.)
4. Den Ameisenstraßen folgen und die Eingänge abdichten.

-Überlebenden-Bericht-

„Ich dachte erst, ich hätte ein paar blinde Passagiere. Dann wurde mir klar, dass ICH eigentlich der blinde Passagier war. Die Ameisen hatten eindeutig die besseren Argumente und die größere Armee."
– Sabine K., ehemalige Zeltbewohnerin, jetzt Ameisen-Verkehrsplanerin

-Hätte noch schlimmer kommen können ...-

Stell dir vor, die Ameisen hätten angefangen, dein Zelt als Kreisverkehr zu nutzen. Oder noch schlimmer: Sie hätten beschlossen, nicht nur eine Straße, sondern gleich ein komplettes Untergrund-U-Bahn-System unter deinem Zelt zu bauen.

Merke

Eine Ameisenkolonie im Zelt ist wie ein überraschender Flashmob. Zunächst sind es nur wenige, aber plötzlich scheint die ganze Welt dabei zu sein. Was als harmlose Entdeckung einzelner Kundschafter beginnt, verwandelt sich innerhalb von Minuten in eine organisierte Massenveranstaltung mit eigener Choreografie, bei der du unfreiwillig zum Veranstaltungsort und Hauptsponsor wurdest.

Kulinarische Katastrophen

1. Warum Dosenravioli im Freien besser schmecken als im 5-Sterne-Restaurant

Ah, die noble Kunst der Camping-Kulinarik! Wo sonst schmeckt eine simple Dose Ravioli wie ein Gericht aus der Gourmetküche? Es ist eines der großen Mysterien des Campinglebens, dass selbst die bescheidenste Mahlzeit unter freiem Himmel zum Festmahl wird. Vielleicht liegt's an der frischen Luft. Oder am Hunger. Oder an der Tatsache, dass nach drei Tagen Camping deine Geschmacksknospen in den Überlebensmodus schalten.

-Wie es dazu kommt-

Du hast große Pläne. Mediterrane Pasta, selbstgemachtes Pesto, frische Kräuter. Was du bekommst: Eine Dose Ravioli, die seit der letzten Eiszeit in deinem Campingschrank überwintert hat. Aber weißt du was? In diesem Moment ist diese Dose dein Ein-Michelin-Sterne-Restaurant.

-Was dann passiert-

Phase 1: Die Erwartungsanpassung

- Du: „Heute gibt's was Einfaches."

- Dein Magen: -knurrt zustimmend-
- Deine Geschmacksknospen: „Ist das ... ist das GOURMET?"

Phase 2: Die kulinarische Erleuchtung

Plötzlich verstehst du, dass Dosenravioli ihre eigene Gourmetklasse sind. Die perfekte Mischung aus Nostalgie, Verzweiflung und erstaunlich befriedigender Sättigung.

Phase 3: Die Akzeptanz

Du erkennst: Ein 5-Sterne-Menü kann dir nicht das geben, was eine warme Dose Ravioli am Lagerfeuer bietet: Diese einzigartige Mischung aus Abenteuer, Genügsamkeit und dem stolzen Gefühl, überlebt zu haben.

-Was du NICHT tun solltest-

✗ Die Dose direkt ins Lagerfeuer stellen, es sei denn, du magst Ravioli-Fontänen.
✗ So tun, als wäre es „hausgemacht".
✗ Den Dosenöffner vergessen. (Der klassische Anfängerfehler.)
✗ Die Dose mit bloßen Händen vom Kocher nehmen. (Außer, du brauchst neue Fingerabdrücke.)

-4 Wege, diese Katastrophe zu überstehen-

1. Genieße den Dosenfood-Lifestyle.
2. Trage einen Dosenöffner an einer Kette um den Hals.
3. Öffne die Dose VOR dem Erhitzen. (Vertrau mir!)
4. Werte das „Restaurant-Ambiente" mit Kerzenlicht auf.

-Überlebenden-Bericht-

„Ich war mal Food-Kritiker. Dann ging ich campen. Jetzt schreibe ich begeisterte Rezensionen über die perfekte Temperatur von Dosenbohnen." – Marcus P., kulinarischer Konvertit

-Hätte noch schlimmer kommen können ...-

Stell dir vor, du öffnest deine letzte Dose Ravioli und stellst fest, dass es eigentlich Hundefutter ist.

Oder noch schlimmer: Du findest nach dem Essen heraus, dass das Verfallsdatum in einem Jahrhundert liegt, in dem du noch nicht gelebt hast. Plötzlich erscheint dir die Frage „Was ist eigentlich IN diesen Ravioli?" in einem ganz neuen Licht.

Merke

> Im Freien schmeckt alles besser – sogar die Dosenravioli von 1995. Es ist nicht die Qualität des Essens, die zählt, sondern die Qualität der Geschichte, die du später darüber erzählen kannst.

2. Die leere Gasflasche um Mitternacht

Es ist ein universelles Gesetz des Campings: Die Gasflasche geht IMMER dann zur Neige, wenn du sie am dringendsten brauchst. Und zwar nicht um 14 Uhr an einem sonnigen Dienstag, sondern garantiert um 23:47 Uhr, vorzugsweise an einem Samstagabend, wenn der nächste Gasflaschen-Händler gefühlt auf einem anderen Kontinent liegt.

-Wie es dazu kommt-

Du hast die Gasflasche regelmäßig gecheckt. Beim letzten Mal war sie „noch halb voll" (Camping-Optimismus in Reinform). Was du nicht bedacht hast: Gas folgt den Gesetzen der Camping-Physik. Es verdunstet exponentiell schneller, je wichtiger die nächste Mahlzeit ist.

-Was dann passiert-

Phase 1: Die Verdrängung

- Der Brenner: -macht verdächtige Geräusche-
- Du: „Das ist bestimmt nur der Wind."
- Die Flamme: -wird schwächer-
- Du: „Ein bisschen blau ist sie ja noch ..."

Phase 2: Die Panik

Mitten in der Zubereitung deines Mitternachts-Snacks macht es plötzlich ‚pfffffft' – und die Flamme stirbt den Heldentod. In diesem Moment wird dir klar: Das war's mit dem warmen Essen. Und dem Kaffee. Und der Zivilisation, wie du sie kennst.

Phase 3: Die Innovation

Erstaunlich, wie kreativ Menschen werden können, wenn die Alternative ist, ohne Morgenkaffee aufzuwachen. Plötzlich entwickelst du Fähigkeiten, die jeden Survivalexperten vor Neid erblassen lassen würden.

-Was du NICHT tun solltest-

✕ Die Flasche schütteln. (Das macht sie nicht voller.)
✕ Um Mitternacht den Campingplatz nach Ersatz absuchen.
✕ Versuchen, die Flasche „nur noch schnell" zu wechseln.
✕ Die Situation mit Alkohol lösen. (Auch wenn's verlockend ist.)

-4 Wege, diese Katastrophe zu überstehen-

1. Immer eine Reserveflasche haben. (IMMER!)
2. Einen Gasstand-Check zur morgendlichen Routine machen.
3. Die Öffnungszeiten des nächsten Gashändlers kennen.
4. Einen Plan B für kalte Mahlzeiten parat haben.

-Überlebenden-Bericht-

„Ich war super vorbereitet. Hatte sogar eine Reserveflasche. Was ich nicht bedacht hatte: Beide waren leer."

– Tobias K., jetzt stolzer Besitzer von vier Gasflaschen

-Hätte noch schlimmer kommen können ...-

Stell dir vor, du findest mitten in der Nacht tatsächlich einen 24/7-Gasflaschen-Service, aber der Lieferant steckt mit seinem Transporter irgendwo im Schlamm fest. Oder noch schlimmer: Du findest eine volle Gasflasche beim Nachbarn, aber er will sie nur gegen deine komplette Campingausrüstung tauschen. Inklusive Wohnwagen.

Merke !

Eine Gasflasche ist wie eine gute Beziehung. Man merkt erst, was man an ihr hatte, wenn sie einen verlässt. Und genau wie in einer Beziehung ist es keine gute Idee, erst dann nach Ersatz zu suchen, wenn man ihn dringend braucht.

3. Die Kunst, einen Wein ohne Korkenzieher zu öffnen

Es ist der perfekte Sonnenuntergang, die richtige Gesellschaft und eine Flasche Wein. Nur eines fehlt – der Korkenzieher. Natürlich. Weil das Leben dich darauf vorbereiten möchte, kreativ zu werden. Sehr kreativ.

-Wie es dazu kommt-

Campingstühle, Tisch, Gläser (okay, Plastikbecher), stimmungsvolle LED-Lichterkette. An ALLES hast du gedacht. Nur dieses eine, winzige Detail ist dir durch die Maschen gerutscht. Ausgerechnet der Korkenzieher, der normalerweise in JEDER Schublade deiner Küche liegt, hat sich vor der Abreise erfolgreich versteckt.

-Was dann passiert-

Phase 1: Die Inventur

- Du durchsuchst panisch alle Taschen.
- Deine Camping-Nachbarn durchsuchen panisch ihre Taschen.
- Der Wein schaut dich vorwurfsvoll an.

Phase 2: Die YouTube-Recherche

Mit letztem Handyakku googelst du „Wein öffnen ohne Korkenzieher" und findest 47 verschiedene Methoden, von denen keine einzige vertrauenerweckend klingt.

Phase 3: Die experimentelle Phase

Plötzlich verwandelt sich dein Campingplatz in ein Freiluftlabor für alternative Flaschenöffnungstechniken. Du überlegst ernsthaft, ob ein Schuh und die Physik des Aufpralls wirklich die Lösung sein können.

-Was du NICHT tun solltest-

✘ Den Korken in die Flasche stoßen, außer du magst Korkengewürz.
✘ Mit einem Taschenmesser experimentieren. (Nie!)
✘ Die Flasche schütteln. – Was soll das überhaupt bringen?

–4 Wege, diese Katastrophe zu überstehen–

1. Einen Korkenzieher an deinen Autoschlüssel binden.
2. Einen weiteren in deiner Campingbox verstecken.
3. Einen dritten in deiner Hosentasche tragen.
4. Beim nächsten Mal eine Flasche mit Schraubverschluss kaufen.

–Überlebenden-Bericht–

„Nach zwei Stunden hatte ich den Korken endlich drin statt raus. War auch eine Lösung, wenn auch nicht die beste."
– Jens R., Erfinder der Korken-Tauchgang-Methode

–Hätte noch schlimmer kommen können ...–

Stell dir vor, nach einer Stunde Experimentieren mit verschiedensten „YouTube-Methoden" gelingt es dir endlich, die Flasche zu öffnen – nur um festzustellen, dass es sich um Traubensaft handelt. Oder noch schlimmer: Du bekommst den Korken tatsächlich raus, aber die Flasche zerbricht dabei spektakulär.

Merke

> Ein Korkenzieher ist wie ein Regenschirm – sobald du ihn wirklich brauchst, ist er unauffindbar. Aber im Gegensatz zum Regenschirm kann seine Abwesenheit zu erstaunlicher Kreativität und fragwürdigen Entscheidungen führen.

4. Warum der Kühlschrank immer dann ausfällt, wenn du frisches Fleisch gekauft hast

Du kommst stolz mit einer Ladung frischer Steaks vom Einkauf zurück, da beschließt dein Kühlschrank, in den Streik zu treten.

–Wie es dazu kommt–

Eine Timeline des Unvermeidlichen:

- 10:00 Uhr: Du checkst den Kühlschrank – läuft perfekt.
- 10:30 Uhr: Aufbruch zum Supermarkt
- 11:00 Uhr: Du kaufst die teuersten Steaks deines Lebens.

- 11:45 Uhr: Rückkehr zum Campingplatz
- 11:46 Uhr: Erste verdächtige Geräusche aus dem Kühlschrank
- 11:47 Uhr: Totenstille

-Was dann passiert-

Phase 1: Die Diagnose

- Du öffnest den Kühlschrank zum 47. Mal.
- Der Kühlschrank: -wird dadurch auch nicht kälter-
- Das Fleisch: -schaut dich vorwurfsvoll an-

Phase 2: Die Rettungsmission

Du entwickelst einen Notfallplan, der die logistische Komplexität einer Mondlandung hat. Deine Mission: Die Rettung von 2 kg Premium-Rindfleisch.

Phase 3: Die Verzweiflung

Die Zeit läuft, im Kühlschrank wird's immer wärmer, und du beginnst ernsthaft darüber nachzudenken, ob du nicht doch alle Steaks auf einmal grillen solltest.

-Was du NICHT tun solltest-

✘ Den Kühlschrank schütteln. (Er wird's dir übel nehmen!)
✘ So tun, als wäre „bedenklich warm" schon „medium rare".
✘ Die Situation ignorieren und hoffen, dass sich das Fleisch von selbst konserviert.

-4 Wege, diese Katastrophe zu überstehen-

1. Habe einen Notfall-Kühlplan.
2. Kenne die nächste Eisdiele (für Notfall-Kühlakkus).
3. Pflege Freundschaft mit Campern, die einen funktionierenden Kühlschrank haben.
4. Organisiere eine Grillparty und mache aus der Not eine Tugend.

-Überlebenden-Bericht-

„Ich hatte die Wahl: Entweder 8 Steaks sofort grillen oder sie dem Verderben überlassen. Heute sind wir als ‚die Verrückten, die um Mitternacht gegrillt haben' bekannt."

– Petra S., Kühlschrank-Krisenmanagerin

-Hätte noch schlimmer kommen können ...-

Stell dir vor, du findest einen hilfsbereiten Nachbarn mit funktionierendem Kühlschrank, aber er ist überzeugter Veganer und hält dir einen dreistündigen Vortrag über artgerechte Ernährung. Oder noch schlimmer: Der Kühlschrank springt nach 24 Stunden wieder an, genau in dem Moment, als du das letzte verdorbene Fleisch entsorgt hast, und läuft dann eine Woche lang perfekt – bis zu deinem nächsten Großeinkauf.

Merke

> Ein Camping-Kühlschrank ist wie das Wetter – völlig unberechenbar und mit einer besonderen Vorliebe für dramatische Wendungen zu den ungünstigsten Zeitpunkten.

5. Grillen bei Windstärke 7

Oder: Wie man lernt, dass Asche als Gewürz durchgeht

Kennst du die Situationen, in denen das Universum deinen Durchhaltewillen zu testen scheint? Zum Beispiel dann, wenn du beschließt zu grillen, während um dich herum ein Orkan tobt. Aber hey, ein echter Grillmeister lässt sich von ein bisschen Wind nicht aufhalten, oder?

-Wie es dazu kommt-

Der Tag begann perfekt. Leichter Wind, Sonnenschein und ideales Grillwetter. Dann, genau in dem Moment, als du die Kohlen anzündest, beschließt Mutter Natur, dass es Zeit für eine improvisierte Windkraftdemonstration ist.

-Was dann passiert-

Phase 1: Die Trotzphase

- Du: „So ein bisschen Wind kann uns nicht stoppen!"
- Der Wind: -lacht in Böen-
- Deine Kohlen: -fliegen Richtung Nachbarplatz-
- Der Nachbar: -duckt sich reflexartig-

Phase 2: Der Kampf

Plötzlich wird aus einem entspannten Grillen eine olympische Disziplin. Deine Aufgabe: Gleichzeitig den Grill festhalten, die Würstchen vor dem Abheben bewahren und deine Würde behalten.

Phase 3: Die Kapitulation

Du erkennst, dass „medium rare" heute eher „medium windig" bedeutet und entwickelst eine neue Wertschätzung für Dosenravioli.

-Was du NICHT tun solltest-

- ✗ Mehr Anzünder verwenden (außer du magst Feuerwerk).
- ✗ Dein T-Shirt als Windschutz missbrauchen.
- ✗ Den Grill in dein Vorzelt stellen. (Niemals!)
- ✗ So tun, als wäre Asche ein exotisches Gewürz.

-4 Wege, diese Katastrophe zu überstehen-

1. Baue einen stabilen Windschutz, aus allem, was nicht wegfliegt.
2. Beschwere die Würstchen mit Steinen.
3. Halte einen Plan B (Campingkocher) bereit.
4. Nimm die Situation mit Humor – und mache Fotos.

-Überlebenden-Bericht-

„Mein Würstchen landete drei Plätze weiter. Der Nachbar dort meinte, das sei die schnellste Essenslieferung, die er je hatte."
– Peter M., fliegender Grillmeister

-Hätte noch schlimmer kommen können ...-

Stell dir vor, der Wind hätte nachgelassen, genau als du beschlossen hast aufzugeben. Oder noch schlimmer: Dein perfekt gegrilltes Steak macht sich selbstständig und landet auf dem Nachbarplatz – direkt auf dem Teller eines Veganers ...

Merke !

Grillen bei starkem Wind ist wie Jonglieren mit Wattebäuschchen – theoretisch möglich, praktisch eine Einladung zum Chaos. Aber hey, die besten Camping-Geschichten entstehen nie bei perfektem Wetter.

Technisches Trauma und digitale Desaster

1. Die Mysterien der Campingplatz-Stromverteilung

Zweifelst du an deiner technischen Kompetenz? Natürlich nicht! Aber dann stehst du vor der Stromverteilersäule und fragst dich, ob du gerade in einer Prüfung für Elektroingenieure gelandet bist.

-Wie es dazu kommt-

Du hast ALLE Adapter eingepackt, die du im Internet finden konntest. Was du aber nicht bedacht hast: Campingplatz-Stromverteiler scheinen einer geheimen Norm zu folgen, die nur Eingeweihten bekannt ist. Diese mysteriösen Säulen haben Anschlüsse, die aussehen, als wären sie für eine außerirdische Raumstation konzipiert worden.

-Was dann passiert-

Phase 1: Die Verwirrung

- Du: -starrst ratlos auf die Stromverteilersäule-
- Stromverteiler: -starrt stoisch zurück-
- Du: -versuchst, deinen Stecker irgendwie reinzuquetschen-
- Stromverteiler: -verweigert jegliche Kooperation-

Phase 2: Die Erkenntnis

Dir wird klar, dass dein „universeller" Adapter so universal ist wie ein Einhorn: Theoretisch existiert er, praktisch hast du ihn noch nie gesehen.

Phase 3: Die Verzweiflung

Du beginnst zu verstehen, dass die Stromverteilung auf Campingplätzen offenbar von einer Geheimgesellschaft entworfen wurde, deren einziges Ziel es ist, Camping-Neulinge zu verwirren.

-Was du NICHT tun solltest-

✗ Mit Gewalt versuchen, deinen Stecker in die Dose zu zwingen.
✗ Die Stromverteilersäule beschimpfen. (Sie hat Gefühle.)
✗ Improvisierte Elektroinstallationen vornehmen.
✗ So tun, als wäre Strom überbewertet.

-4 Wege, diese Katastrophe zu überstehen-

1. Ruhe bewahren – auch wenn dein Kühlschrank gerade auftaut.
2. Die Rezeption aufsuchen, auch dann, wenn es regnet.
3. Den richtigen Adapter kaufen, auch wenn er überteuert ist.
4. Deinen Elektro-Wortschatz erweitern (CEE-Stecker, Ampere, Watt ...).

-Überlebenden-Bericht-

„Ich dachte immer, ein Stecker ist ein Stecker. Dann stand ich vor dieser Stromverteilersäule und lernte, dass es mehr Steckertypen gibt als Käsesorten in Frankreich. Jetzt reise ich mit einer Kiste voller Adapter an, die schwerer ist als mein Zelt."
– Frank T., überlebender Camper

-Hätte noch schlimmer kommen können ...-

Stell dir vor, du hättest endlich den richtigen Adapter gefunden, angeschlossen und dann festgestellt, dass die Sicherung des gesamten Campingplatzes rausfliegt. Oder noch schlimmer: Du hättest versehentlich den Stromanschluss deines Nachbarn gekappt, während er gerade das entscheidende Fußballspiel schaut.

Merke

Eine Stromverteilersäule auf dem Campingplatz ist wie ein Zauberwürfel – es gibt eine Lösung, aber die meisten Menschen brauchen Hilfe, um sie zu finden.

2. Satellitenfernsehen einstellen: ein Job für Raketenwissenschaftler („Die komplexeste Aufgabe seit der Mondlandung")

Der perfekte Campingplatz. Das luxuriöse Wohnmobil. Und dann: versuchst du, die Satellitenschüssel auszurichten und stellst fest, dass du gerade zum Amateur-Astronomen geworden bist.

-Wie es dazu kommt-

Du hast eine MOBILE Satellitenschüssel gekauft, die laut Verpackung „kinderleicht" einzustellen ist. Was du nicht bedacht hast: „Kinderleicht" bezieht sich offenbar auf Kinder mit einem Doktortitel in Astrophysik. Diese unscheinbare Schüssel verlangt plötzlich Kenntnisse über Azimut, Elevation und die genaue Position von Himmelskörpern.

-Was dann passiert-

Phase 1: Der Optimismus

- Du: -stellst die Schüssel auf-
- Satellit: -befindet sich irgendwo im Weltall-
- Du: -richtest die Schüssel grob aus-
- Fernseher: -zeigt stolz „Kein Signal"-

Phase 2: Die wissenschaftliche Phase

Du beginnst mit mathematischer Präzision zu arbeiten. Winkel berechnen. Kompass nutzen. Millimeterweise justieren. Der Fernseher bleibt standhaft bei seiner „Kein Signal"-Meldung.

Phase 3: Die Innovation

Nach zwei Stunden Feinabstimmung hast du kurz ein Bild – für genau 3 Sekunden. Dann weht eine leichte Brise, und du kannst wieder von vorne anfangen.

-Was du NICHT tun solltest-

- ✗ Die Schüssel als Frisbee zweckentfremden.
- ✗ Glauben, dass „ein bisschen verrauscht" akzeptabel ist.
- ✗ Einen Nachbarn bitten, sein Wohnmobil zu verschieben, weil es „im Weg steht".
- ✗ Die Satellitenschüssel mit Steinen beschweren.

-4 Wege, diese Katastrophe zu überstehen-

1. Investiere in eine automatische Satellitenschüssel. – Ja, sie kostet so viel wie ein Kleinwagen!
2. Lerne die Grundlagen der Himmelsmechanik.
3. Akzeptiere, dass du vielleicht ohne Fernsehen auskommen musst.
4. Entdecke die Freude an Büchern neu.

-Überlebenden-Bericht-

„Ich verbrachte drei Stunden damit, die perfekte Ausrichtung zu finden. Als ich endlich ein Bild hatte, war die Fußballübertragung vorbei. Ich erfuhr das Ergebnis von meinem Nachbarn, der sein Handy benutzt hatte." – Peter K., frustrierter Hobby-Astronom

-Präventivmaßnahmen für die Zukunft-

- Plane deinen Urlaub außerhalb wichtiger Sportereignisse.
- Investiere in eine gute Internetverbindung statt in Satellitenfernsehen.
- Lerne, ohne Fernsehen zu leben. (Revolutionär, ich weiß.)
- Positioniere dein Wohnmobil strategisch nach den Himmelsrichtungen.

-Hätte noch schlimmer kommen können ...-

Du stellst fest, dass du die ganze Zeit den falschen Satelliten angepeilt hast und statt des Fußballspiels nur koreanische Kochshows empfangen kannst.

Merke !

> Eine Satellitenschüssel beim Camping ist wie eine Beziehung – sie braucht ständige Aufmerksamkeit, reagiert empfindlich auf kleinste Veränderungen und lässt dich oft ratlos zurück.

3. Die Taschenlampen-Tragödie: Orientierung im Nichts

Der Sternenhimmel über dir. Das knisternde Lagerfeuer. Und dann – musst du um Mitternacht zur Toilette und stellst fest, dass deine Taschenlampe genau jetzt beschlossen hat, in den Streik zu treten.

-Wie es dazu kommt-

Du hast DREI Taschenlampen eingepackt. Was du nicht bedacht hast: Taschenlampen scheinen einen sechsten Sinn dafür zu haben, wann sie am dringendsten gebraucht werden. Diese kleinen Lichtwunder folgen Murphys Gesetzen mit einer Präzision, die beeindruckend wäre, wenn es nicht so frustrieren würde.

-Was dann passiert-

Phase 1: Die Suche

- 23:30 Uhr: Deine Blase meldet sich.
- 23:31 Uhr: Du suchst deine Taschenlampe.
- 23:45 Uhr: Du suchst immer noch.
- 23:50 Uhr: Du findest sie endlich unter dem Schlafsack.

Phase 2: Die Enttäuschung

Es ist der Moment, in dem du den Schalter drückst und ... nichts passiert. Du schüttelst sie, drehst die Batterien, flüsterst Gebete – die Taschenlampe bleibt so dunkel wie eine Höhle.

Phase 3: Die Improvisation

Jetzt beginnt die kreative Phase. Dein Smartphone? Akku leer. Die Reservetaschenlampe? Unauffindbar. Die Notfall-Kerze? Vom Wind ausgeblasen nach zwei Schritten.

-Was du NICHT tun solltest-

✘ Versuchen, dich am Geruch zu orientieren.
✘ Denken, dass der Mond ausreichend Licht spendet.
✘ Auf gut Glück losmarschieren.
✘ Die Taschenlampe frustriert wegwerfen. (Du wirst sie morgen wieder brauchen!)

-4 Wege, diese Katastrophe zu überstehen-

1. Immer Ersatzbatterien griffbereit haben.
2. Eine Stirnlampe nutzen. (Lässt beide Hände frei für dramatisches Gestikulieren.)
3. Strategische Lichtquellen im Zelt platzieren.
4. Den Weg zur Toilette tagsüber mental kartieren.

-Überlebenden-Bericht-

„Ich dachte, ich könnte mich auf mein Nachtsichtgedächtnis verlassen. Dann lief ich gegen einen Baum, stolperte über eine Zeltstange und landete in einem Busch. Die Toilette habe ich nie gefunden. Der Busch war eine akzeptable Alternative."

– Susanne M., nachtblinde Camperin

-Präventivmaßnahmen für die Zukunft-

- Investiere in eine wasserdichte, stoßfeste, atombombensichere
- Taschenlampe.
- Platziere reflektierende Markierungen auf dem Weg zur Toilette.
- Trinke nach 18 Uhr nichts mehr. (drastisch, aber effektiv)
- Schlafe mit der Taschenlampe in der Hand.

-Hätte noch schlimmer kommen können ...-

Stell dir vor, du hättest es irgendwie zur Toilette geschafft, nur um festzustellen, dass auch dort das Licht ausgefallen ist. Oder noch schlimmer: Auf dem Rückweg hättest du dich so gründlich verlaufen, dass du am Morgen in einem völlig anderen Campingplatzbereich aufwachst.

Merke

Eine Taschenlampe beim Camping ist wie ein guter Freund – du merkst erst, wie wichtig sie ist, wenn sie nicht da ist, wenn du sie brauchst.

4. Die Smartphone-Apokalypse: Offline überleben

Du schaust auf dein Handy und stellst fest, dass der kleine Balken in der Ecke deines Smartphones plötzlich verschwunden ist. Nicht einer, nicht zwei – alle Balken fort. Wie vom Erdboden verschluckt. Willkommen in der digitalen Steinzeit, Freund des mobilen Internets!

-Wie es dazu kommt-

Sorgfältig hast du dir den Campingplatz ausgesucht. „Naturverbunden" stand in der Beschreibung. „Idyllisch gelegen" und „fernab vom Alltag". Was du übersehen hast: Diese Formulierungen sind Campingplatz-Codes für „Hier hat nicht mal der Fuchs Handyempfang, wenn er dem Hasen gute Nacht sagt". Die Berge um dich herum sind nicht nur malerisch. Sie sind auch perfekte natürliche Signalblocker.

-Was dann passiert-

Phase 1: Die Verleugnung

- Du: -hältst dein Handy höher-
- Dein Handy: -zeigt weiterhin „Kein Netz"-
- Du: -wechselst den Standort-
- Dein Handy: -bleibt standhaft bei seiner Meinung-

Phase 2: Die Verzweiflung

Dir wird klar, dass du nicht nur keine WhatsApp-Nachrichten senden kannst, sondern dass auch Google Maps nicht mehr weiß, wo du bist. Plötzlich ist die Frage „Wo ist der nächste Supermarkt?" nicht mehr mit zwei Fingertipps zu beantworten.

Phase 3: Die Akzeptanz

Du beginnst zu verstehen, dass die Menschen vor 2007 irgendwie überlebt haben. Ohne ständige Updates. Ohne Selfies vom Lagerfeuer. Ohne die Möglichkeit, jede Diskussion mit einem schnellen „Warte, ich google das." zu beenden.

-Was du NICHT tun solltest-

✘ Dein Handy wie eine Antenne schwenken und dabei auf einem Bein stehen.

- ✗ Versuchen, auf den höchsten Baum zu klettern. (Die Rettungssanitäter haben auch kein Netz.)
- ✗ Dein Smartphone in Alufolie wickeln. – Das macht es nicht besser, nur lächerlicher.
- ✗ Einen Nervenzusammenbruch erleiden.

-4 Wege, diese Katastrophe zu überstehen-

1. Atme tief durch. (Sauerstoff ist kostenlos und überall verfügbar. Noch!)
2. Entdecke die analoge Welt neu. (Ja, Bücher funktionieren ohne Akku!)
3. Plane einen täglichen „Netzcheck" an bekannten Empfangspunkten.
4. Genieße die unfreiwillige digitale Entgiftung. (Dein Chef kann dich nicht erreichen!)

-Überlebenden-Bericht-

„Am ersten Tag ohne Netz zitterten meine Hände. Am zweiten Tag entdeckte ich, dass mein Zelt einen Reißverschluss hat. Am dritten Tag sprach ich mit meiner Familie. Sie scheinen nett zu sein."
– Oliver S., digital Entwöhnter

-Hätte noch schlimmer kommen können ...-

Stell dir vor, du hättest Empfang – aber nur genug, um zu sehen, dass deine Lieblingsserie ein spektakuläres Finale hatte, ohne es streamen zu können. Oder noch schlimmer: Dein Chef könnte dich doch irgendwie erreichen, aber du ihn nicht.

Merke

> Ein Campingurlaub ohne Netz ist wie eine Zeitreise in die 90er – anfangs beängstigend, aber am Ende wirst du dich wundern, wie viel Zeit du plötzlich hast.

5. Der WLAN-Entzug der Kinder

Wenn aus „Ich will nach Hause" plötzlich „Ich will WLAN" wird

Familiencamping kann dich lehren, dass die Abhängigkeit deiner

Kinder von digitalen Geräten stärker ist als ihre Liebe zu dir. Nämlich genau dann, wenn dir klar wird, dass „Campingplatz mit WLAN" nicht dasselbe bedeutet wie „funktionierendes WLAN am Campingplatz".

-Wie es dazu kommt-

Du hast extra einen Campingplatz mit „kostenlosem WLAN" gebucht. Was in der Beschreibung nicht stand: Dieses WLAN hat die Reichweite eines Taschenradios aus den 80ern und die Geschwindigkeit einer ambitionierten Schnecke. Und natürlich steht euer Stellplatz genau in der digitalen Todeszone.

-Was dann passiert-

Phase 1: Die Hoffnung

- Deine Kinder: „Wann sind wir da? Gibt es WLAN?"
- Du: „Natürlich gibt es WLAN! Steht doch in der Beschreibung."
- Deine Kinder: -packen vorfreudig ihre Tablets aus-
- Das Campingplatz-WLAN: -existiert theoretisch-

Phase 2: Die Ernüchterung

Nach 17 Versuchen, sich einzuloggen und 23 Neustarts der Geräte wird klar: Das Einzige, was hier streamt, ist der Bach neben dem Campingplatz. Die Gesichter deiner Kinder verdunkeln sich schneller als der Himmel vor einem Sommergewitter.

Phase 3: Die Krise

Plötzlich stehen Begriffe wie „Kindeswohlgefährdung" und „unmenschliche Behandlung" im Raum. Deine Kinder durchlaufen alle klassischen Phasen des Entzugs: Verleugnung, Wut, Verhandlung („Können wir nicht wenigstens zum McDonald's fahren? Die haben WLAN!"), Depression und schließlich (hoffentlich) Akzeptanz.

-Was du NICHT tun solltest-

✘ Versprechen, dass es „gleich besser wird", denn es wird nicht besser.

✘ Deinen mobilen Hotspot anbieten – außer du möchtest bei deiner Rückkehr einen Kredit aufnehmen.

✘ Vorschlagen, dass sie „einfach ein Buch lesen könnten".

✘ Selbst verzweifelt nach WLAN suchen. (Kinder riechen Heuchelei!)

-4 Wege, diese Katastrophe zu überstehen-

1. Bereite dich mental auf 48 Stunden Entzugserscheinungen vor.
2. Plane analoge Aktivitäten, die so erschöpfend sind, dass keine Energie für Beschwerden bleibt.
3. Führe „Notfall-Bildschirmzeit" ein – streng rationiert wie Wasser in der Wüste.
4. Erinnere sie daran, dass Menschen Jahrtausende ohne TikTok überlebt haben.

-Überlebenden-Bericht-

„Tag 1 ohne WLAN war die Hölle. Tag 2 war ... immer noch die Hölle. Aber am Tag 3 fand mein Sohn einen Stock, der aussah wie ein Schwert, und meine Tochter entdeckte, dass Steine unterschiedliche Farben haben. Ich betrachte das als absoluten Sieg."

– Andrea L., digitale Entgiftungsexpertin wider Willen

-Präventivmaßnahmen für die Zukunft-

- Lade vor der Abreise Offline-Spiele und -Filme herunter.
- Führe ein „Digital Detox"-Gespräch VOR dem Urlaub.
- Bringe alte Brettspiele mit – die ohne Batterien.
- Überlege, ob du wirklich Kinder haben wolltest. (Zu spät, aber trotzdem ... 😂)

-Hätte noch schlimmer kommen können ...-

Stell dir vor, es GIBT tatsächlich perfektes WLAN – aber nur auf der Toilette. Oder noch schlimmer: Der Campingplatz hat ein hervorragendes Netz, aber du hast in einem Anfall von pädagogischem Größenwahn alle Geräte zu Hause gelassen.

Merke !

> Der WLAN-Entzug bei Kindern durchläuft ähnliche Phasen wie eine Naturkatastrophe: Erst kommt der Schock, dann die Verwüstung und irgendwann, wenn du Glück hast, der Wiederaufbau einer analogen Beziehung zur Welt.

Soziale Überlebensstrategien

1. Die verschiedenen Typen von Campingnachbarn (und wie man sie überlebt)

Wenn du realisierst, dass dein Campingplatz-Nachbar eine wandelnde Katastrophe mit eigenem Vorzelt ist, dann bringt es dich wahrscheinlich an die Grenzen deiner sozialen Fähigkeiten.

-Wie es dazu kommt-

Der Stellplatz erschien dir perfekt. Ruhig, mit Seeblick und genau der richtigen Mischung aus Sonne und Schatten. Was du nicht bedacht hast: Die Nachbarparzelle ist wie eine Wundertüte: Du weißt nie, was du bekommst, bis es zu spät ist und der Wohnwagen mit Partybeleuchtung neben dir parkt.

-Was dann passiert-

Phase 1: Die Begegnung

- Du: -baust friedlich dein Zelt auf bzw. parkst dein Wohnmobil-
- Nachbar Typ A „Der Dirigent": -gibt ungefragt Aufbautipps-
- Nachbar Typ B „Der Technikfreak": -präsentiert seine 17 Solarpanels-

- Nachbar Typ C „Die Frühaufsteher-Familie": -Kinder sind um 6 Uhr bereits in Höchstform-

Phase 2: Die Erkenntnis

Dir wird nun klar, dass du nicht nur einen Campingplatz gebucht hast, sondern unfreiwilliges Mitglied einer temporären Wohngemeinschaft geworden bist, deren Mitglieder du dir nicht aussuchen konntest.

Phase 3: Die Anpassung

Du entwickelst plötzlich Fähigkeiten, von denen du nicht wusstest, dass du sie besitzt: selektive Taubheit gegenüber dem Schnarchkonzert von Parzelle 17, telepathische Kommunikation mit deinem Partner („BITTE sag jetzt nichts zu seiner neuen Camping-Satellitenschüssel!") und die Kunst des strategischen Toilettengangs, um Smalltalk zu vermeiden.

-Was du NICHT tun solltest-

✗ Den „Partynachbarn" zum Grillen einladen, außer du magst 80er-Jahre-Hits bis 3 Uhr morgens.

✗ Dem „Campingprofi" widersprechen. – „Nein, ich stelle mein Zelt NICHT nach dem Mondstand auf!"

✗ Deine Parzellengrenzen mit Leuchtfarbe markieren.

✗ Eine Petition für eine Nachtruhe starten, denn du bist hier nicht der Campingplatz-Sheriff.

-3 Wege, diese Katastrophe zu überstehen-

1. Lerne die Kunst des freundlichen Nickens ohne Blickkontakt.
2. Entwickle eine gesunde Beziehung zu deiner Sonnenbrille. (Sie verbirgt Augenrollen).
3. Plane strategische Ausflüge während der „Happy Hour" deiner Nachbarn.

-Überlebenden-Bericht-

„Ich dachte, ich fahre in die Natur, um dem Großstadtlärm zu entfliehen. Dann traf ich Familie ‚Chaos-Willi' mit ihren drei energiegeladenen Kindern und ihrem Bluetooth-Lautsprecher.

Jetzt buche ich nur noch Plätze am Rand, vorzugsweise neben einem Wald. Bären sind leiser."
– Uwe N., traumatisierter Naturliebhaber

Merke

> Campingnachbarn sind wie Wetter – manchmal sonnig, manchmal stürmisch, und du kannst sie nicht ändern. Aber mit der richtigen Ausrüstung (Ohrstöpsel, Sonnenbrille und einer hohen Toleranzschwelle) überlebst du auch den schlimmsten Nachbarschafts-Sturm.

2. Das Schnarchkonzert von nebenan

Diese Geräusche in der Natur erwartet man beim Camping: das sanfte Rauschen der Blätter, das ferne Plätschern eines Baches, vielleicht das Zirpen von Grillen. Und dann gibt es DAS SCHNARCHEN. Jenes mysteriöse akustische Phänomen, das die Zeltwände deines Nachbarn mühelos durchdringt und sich anhört, als würde ein asthmatischer Bär eine verstopfte Tuba spielen.

-Wie es dazu kommt-

Die erste Nacht auf deinem perfekten Stellplatz naht. Was du bis jetzt noch nicht wusstest: Dein neuer Nachbar ist ein wandelndes Schlafapnoe-Forschungsprojekt, dessen nächtliche Geräuschkulisse selbst Kettensägen vor Neid erblassen lässt.

-Was dann passiert-

Phase 1: Die Verleugnung

- 22:30 Uhr: „Das ist bestimmt nur vorübergehend."
- 23:15 Uhr: „Vielleicht hat er sich nur verschluckt?"
- 00:30 Uhr: „Geht das die ganze Nacht so weiter?"
- 03:45 Uhr: „Ich frage mich, ob man Zelte mitten in der Nacht umparken darf ..."

Phase 2: Die Verzweiflung

Du liegst wach und beginnst, die Schnarchmuster zu analysieren. Es gibt das tiefe Grollen, gefolgt von einer kurzen Pause, dann das pfeifende Einatmen und schließlich das explosive Finale. Du könntest mittlerweile eine wissenschaftliche Abhandlung darüber schreiben.

Phase 3: Die Anpassung

Irgendwann, zwischen Wahnsinn und Resignation, beginnt dein Gehirn, das Schnarchen in deine Träume einzubauen. Der Schnarchende wird zum Drachen in deinem Traum-Abenteuer, zum Soundtrack deiner nächtlichen Fantasien.

-Was du NICHT tun solltest-

- ✗ Mit der Taschenlampe zum Nachbarzelt gehen und „nachsehen, ob alles in Ordnung ist".
- ✗ Versuchen, das Schnarchen mit deiner eigenen Geräuschkulisse zu übertönen.
- ✗ Einen anonymen Zettel mit „SCHNARCHER!" an sein Zelt heften.
- ✗ Mitsamt deinem Zelt mitten in der Nacht umziehen. (Ja, manche versuchen das wirklich.)

-4 Wege, diese Katastrophe zu überstehen-

1. Besorge dir hochwertige Ohrstöpsel. (Die teuersten, die du finden kannst.)
2. Nutze eine White-Noise-App (Meeresrauschen gegen Schnarchsymphonien).
3. Plane strategisch: Erkunde den Campingplatz nach Ankunft und meide Zelte mit Schnarchpotenzial.
4. Entwickle eine Zen-artige Gelassenheit (oder eine gesunde Beziehung zu Schlafmangel).

-Überlebenden-Bericht-

„Nach drei Nächten neben dem menschlichen Nebelhorn habe ich angefangen, das Schnarchen zu vermissen, wenn es kurz aussetzte. Stockholm-Syndrom? Vielleicht. Aber ich kann jetzt bei jedem Geräuschpegel schlafen." – Lisa M., Schnarch-Überlebende

-Hätte noch schlimmer kommen können ...-

Stell dir vor, dein schnarchender Nachbar hätte einen ebenso schnarchenden Hund mitgebracht. Oder noch schlimmer: Er hätte einen Freund dabei, mit dem er im Duett schnarcht.

Merke

> Schnarchende Campingnachbarn sind wie Gewitter – laut, unvorhersehbar und irgendwann vorbei. Der Unterschied: Bei Gewittern kannst du wenigstens beeindruckende Fotos machen.

3. Der Wäscheleinen-Territorialkonflikt

Es gibt Kriege, die in den Geschichtsbüchern verewigt werden. Und dann gibt es den Wäscheleinen-Territorialkonflikt auf Campingplätzen. Ein unterschätztes Drama, das sich jeden Sommer tausendfach wiederholt und dennoch nie in den Nachrichten erscheint.

-Wie es dazu kommt-

Nach einem Tag am See oder einer schlammigen Wanderung stapeln sich die nassen Handtücher, Badesachen und verschwitzte T-Shirts. Du suchst nach einem geeigneten Platz zum Trocknen und entdeckst den perfekten Spot zwischen zwei Bäumen.
Was du nicht weißt: Dieser Luftraum wurde bereits mental von drei anderen Campern beansprucht, die nur auf den richtigen Moment warten, ihre eigene Wäscheleine zu spannen.

-Was dann passiert-

Phase 1: Die Besetzung

Du spannst triumphierend deine Wäscheleine und hängst deine komplette Badesachen-Kollektion auf.

Die bunten Handtücher flattern fröhlich im Wind – ein farbenfroher Sieg der schnellen Entscheidung.

Phase 2: Die Beobachtung

Aus den umliegenden Zelten und Wohnwagen werden missbilligende Blicke auf deine Wäscheleine geworfen. Du spürst förmlich, wie dein Ansehen auf dem Campingplatz sinkt. Hinter vorgehaltener Hand wird getuschelt: „Der mit den vielen Handtüchern" oder „Die Familie mit der Mega-Leine".

Phase 3: Der Gegenschlag

Während du beim Frühstück sitzt, beginnt die Gegenoffensive. Plötzlich tauchen überall um deine Leine herum weitere Wäscheleinen auf, strategisch so platziert, dass sie deinen Luftraum einengen. Es ist wie ein passiv-aggressives Spiel von Mikado mit Wäscheleinen.

-Was du NICHT tun solltest-

- ✗ Deine Wäscheleine noch höher spannen – das ist wie ein Wettrüsten, nur mit Socken.
- ✗ Die Wäsche anderer „versehentlich" abnehmen, um Platz zu schaffen.
- ✗ Behaupten, du hättest eine Reservierung für diesen Luftraum.
- ✗ Deine Unterwäsche demonstrativ in Richtung der Nachbarn ausrichten.

-4 Wege, diese Katastrophe zu überstehen-

1. Praktiziere Wäscheleinen-Diplomatie. Ein freundliches „Ist hier noch Platz für meine kleine Leine?" kann Wunder wirken.
2. Nutze die Stoßzeiten clever. Früher Morgen und später Abend sind oft wäscheleinenfrei.
3. Investiere in einen kompakten Wäscheständer für deinen eigenen Stellplatz.
4. Entwickle ein Rotationssystem. Nicht alles muss gleichzeitig trocknen!

-Überlebenden-Bericht-

„Ich dachte, ich hätte einen harmlosen Platz für meine Badesachen gefunden. Drei Stunden später war ich umzingelt von fremden Socken und fühlte mich wie bei einer Belagerung. Wäscheleinen-Politik ist komplizierter als internationale Diplomatie."
– Ralf L., Wäscheleinen-Veteran

Merke

> Der Wäscheleinen-Territorialkonflikt ist die zivilisierte Version eines Stellvertreterkrieges – geführt mit Handtüchern statt Waffen, aber nicht weniger ernst für die Beteiligten. Und denk daran: Wer zuerst kommt, trocknet zuerst. Aber wer klug plant, trocknet in Frieden.

4. Die Hunde-ohne-Leine-Debatte

Oder: Warum „Er tut nichts!" die drei gefährlichsten Worte auf dem Campingplatz sind

Camper unterteilen sich in 2 Lager: Diejenigen, die glauben, dass ihr Hund ein vierbeiniger Botschafter des Friedens ist, der frei über den Campingplatz streifen sollte, und diejenigen, die finden, dass Leinen erfunden wurden, bevor es eine Debatte darüber geben konnte.

-Wie es dazu kommt-

Du sitzt entspannt vor deinem Zelt, als plötzlich ein pelziger Wirbelwind um die Ecke schießt, zielsicher auf deinen Grillteller zusteuert und dabei den Campingtisch nur knapp verfehlt. Bevor du reagieren kannst, ertönt aus der Ferne der berühmteste Satz der Campingplatz-Geschichte: „Keine Sorge, der tut nichts!"

-Was dann passiert-

Phase 1: Die Begegnung

- Fremder Hund: -inspiziert enthusiastisch dein Essen / deine Kinder / deinen eigenen angeleinten Hund-
- Hundebesitzer: -schlendert gemütlich hinterher, Leine dekorativ in der Hand baumelnd-
- Du: -erstarrst in einer Mischung aus Höflichkeit und Entsetzen-
- Dein Essen: -wird zum Verhandlungsgegenstand-

Phase 2: Der Dialog

Es folgt ein Gespräch, das so vorhersehbar ist wie das Ende einer Seifenoper:

- „Er ist ganz lieb!"
- „Aber die Campingplatzordnung sagt ..."
- „Er hört aufs Wort!" (Währenddessen ignoriert der Hund konsequent alle Rufe seines Besitzers.)
- „Trotzdem wäre es besser ..."
- „Er will nur spielen!" (Dein Schnitzel sieht das anders)

Phase 3: Die Konsequenzen

Der freilaufende Vierbeiner hat inzwischen drei weitere Parzellen besucht, einen Campingstuhl umgeworfen und mindestens einen Kleinkrieg zwischen verschiedenen Hundebesitzern ausgelöst. Auf dem Campingplatz bilden sich langsam Fraktionen: Team Leine vs. Team Freiheit.

-Was du NICHT tun solltest-

✘ Den Hund ignorieren. Er wird das als Einladung verstehen.

✘ Den Besitzer ignorieren. Er wird das als Zustimmung verstehen.

✘ Deinen eigenen Hund von der Leine lassen. („Wenn seiner darf, darf meiner auch!")

✘ Mit Würstchen nach dem Besitzer werfen. (So verlockend es auch sein mag.)

-4 Wege, diese Katastrophe zu überstehen-

1. Bleib freundlich, aber bestimmt. („Ihr Hund ist sicher toll, aber bitte an die Leine.")
2. Verweise sachlich auf die Campingplatzregeln, die Bibel des Campingplatzes.
3. Schaffe Distanz zwischen dem Hund und deinem Essen / Kind / Haustier.
4. Suche im Notfall Verbündete. (Der Campingplatzwart ist in diesem Fall dein Freund.)

-Überlebenden-Bericht-

„Nach dem dritten ‚Der tut nichts!' habe ich angefangen, eine Statistik zu führen. Interessanterweise korreliert die Häufigkeit dieser Aussage direkt mit der Wahrscheinlichkeit, dass der Hund tatsächlich etwas tut."

– Jürgen F., Hundebesitzer mit Leine

Merke

Die Hunde-ohne-Leine-Debatte ist wie Religion und Politik: Ein Thema, bei dem jeder eine feste Meinung hat und niemand seine ändern wird. Die wahre Kunst liegt darin, den Frieden zu bewahren, während du innerlich bis zehn zählst. Oder zwanzig. Oder hundert, je nach Größe des Hundes.

5. Die Kunst des Vorbeigehens, ohne in ein Gespräch verwickelt zu werden

Welche Momente stellen deine sozialen Fähigkeiten beim Camping auf die Probe? Einige! Zum Beispiel, wenn du realisierst, dass du an der Parzelle von Horst vorbeimusst – Horst, der menschgewordene Podcast, der nie eine Pause-Taste gefunden hat.

-Wie es dazu kommt-

Du wolltest nur schnell zum Sanitärgebäude. Ein einfacher Plan. Was du nicht bedacht hast: Der Weg dorthin ist ein sozialer Hindernisparcours, gespickt mit gesprächshungrigen Campern, die seit Tagen auf frische Konversationsopfer warten. Und du, mit deinem freundlichen Gesicht und der Kulturtasche in der Hand, bist das perfekte Ziel.

-Was dann passiert-

Phase 1: Die Vorbereitung

- Du: -planst deine Route wie ein Spezialagent-
- Du: -checkst, ob Horst vor seinem Wohnwagen sitzt (natürlich tut er das)-
- Du: -überlegst, ob der Umweg durch den Wald wirklich zu extrem wäre-
- Du: -entscheidest dich für Operation „Schneller Schritt"-

Phase 2: Die Durchführung

Mit der Entschlossenheit eines Olympia-Gehers und dem fokussierten Blick eines Schachgroßmeisters beginnst du deine Mission. Smartphone am Ohr (Fake-Anruf), Sonnenbrille auf (Anti-Augenkontakt-Schild) und Gesichtsausdruck, der zwischen „Ich habe es eilig" und „Leichte Magenverstimmung" schwankt.

Jeder Schritt ist präzise kalkuliert – nicht zu schnell, um nicht aufzufallen, aber zügig genug, um Gesprächsanbahnungen im Keim zu ersticken. Du navigierst geschickt zwischen Campingstühlen und Wäscheständern, nutzt vorbeifahrende Fahrräder als Sichtschutz und tust so, als würdest du eine dringende Nachricht tippen. Die Kunst liegt darin, beschäftigt auszusehen, ohne unhöflich zu wirken. Ein Balanceakt, den selbst Seiltänzer bewundern würden.

Phase 3: Der Moment der Wahrheit

Genau als du denkst, du hättest es geschafft, hörst du es: „Na, auch schon wach? Wissen Sie eigentlich, dass dieser Campingplatz früher mal ein Kartoffelacker war? Ich kann Ihnen da eine interessante Geschichte erzählen ..."

-Was du NICHT tun solltest-

- ✗ Stehenbleiben – selbst wenn er dir einen Kaffee anbietet.
- ✗ Augenkontakt herstellen. Das ist wie eine Aufforderung zur sofortigen Gesprächsaufnahme.
- ✗ Höflich lächeln und nicken. (Das wird als „Bitte erzähl mir mehr über die Geschichte dieses Campingplatzes seit 1967" interpretiert.)
- ✗ Zu offensichtlich beschleunigen. (Das verletzt die Campingetikette und Horsts Gefühle.)

-4 Wege, diese Katastrophe zu überstehen-

1. Meistere die Kunst des „Laufenden Grußes" (ein kurzes Nicken, während du die WEITERBEWEGUNG beibehältst)
2. Perfektioniere den „Ich-muss-dringend"-Ausdruck im Gesicht. Das funktioniert immer und wird universell respektiert.
3. Trage Kopfhörer. (Ob sie angeschlossen sind oder nicht, ist irrelevant).
4. Entwickle eine gesunde Beziehung zu Umwegen und alternativen Routen.

-Überlebenden-Bericht-

„Ich entwickelte ein komplexes System aus Zeitplänen, um Horst zu vermeiden. Montags um 7:30 Uhr war er beim Brötchenholen, dienstags um 10 Uhr wusch er sein Auto. Ich führte ein Logbuch und teilte die Informationen mit anderen Flüchtlingen. Wir nannten uns ‚Die Unsichtbaren'." – Heiko T., Meister der Vermeidungstaktik

Merke

Die Kunst des Vorbeigehens ohne Gesprächsverwicklung ist wie Tarnung in freier Wildbahn: Manchmal musst du mit deiner Umgebung verschmelzen, manchmal blitzschnell sein, und manchmal akzeptieren, dass du gefangen wurdest und nun 20 Minuten über die Vorzüge verschiedener Wohnwagen-Markisen diskutieren wirst.

Infrastruktur-Irrsinn

1. Der Stromausfall beim Fußballfinale

Dein Campingstuhl ist strategisch vor dem Fernseher positioniert, das Bier ist kalt, die Chips sind griffbereit, und das Fußballfinale steht kurz vor dem entscheidenden Elfmeterschießen. Dann wird es plötzlich dunkel. Nicht nur der Fernseher – alles. Und die kollektiven Schmerzensschreie auf dem Campingplatz verraten dir: Du bist nicht allein mit deinem Leid.

–Wie es dazu kommt–

Der Campingplatz wurde für 50 Wohnwagen konzipiert – in den 1980er Jahren, als „Stromverbrauch" bedeutete, dass man vielleicht eine Glühbirne und ein Radio betrieb. Heute stehen hier 100 Wohnmobile, jedes ausgestattet wie ein kleines Rechenzentrum, mit Klimaanlagen, Satellitenanlagen, Kaffeemaschinen, Föhnen und natürlich Fernsehern in Kinoqualität. Dass alle gleichzeitig das Fußballfinale schauen wollen, war für die 40 Jahre alte Stromverteilung der letzte Tropfen, der das Fass zum Überlaufen brachte – oder eben der Stromversorgung ein Ende.

-Was dann passiert-

Phase 1: Die Ungläubigkeit

- Sekunde 1: Totale Stille
- Sekunde 2: Vereinzeltes „Hä?"
- Sekunde 3: Kollektives „NEEEEEIN!"
- Sekunde 4: Hunderte Camper stürzen ins Freie.

Phase 2: Die Solidarität

Plötzlich sind alle Camper vereint in ihrem Schmerz. Fremde Menschen, die sich vorher ignoriert haben, tauschen Theorien aus: „Bestimmt nur eine Sicherung!" (Es war leider nicht nur eine Sicherung!!!)

Phase 3: Die Verzweiflung

Die Erkenntnis setzt ein, dass niemand auf dem Platz weiß, wo der Sicherungskasten ist, und dass der Platzwart seit einer Stunde nicht mehr auf Anrufe reagiert. Vermutlich schaut er das Spiel in seiner Wohnung. Mit funktionierendem Stromnetz!

-Was du NICHT tun solltest-

✘ An deinem Stromanschluss herumbasteln, außer du möchtest deinen Campingurlaub im Krankenhaus fortsetzen.

✘ Den Platzwart mit einer Meute wütender Fußballfans suchen. (Selbstjustiz ist keine Lösung.)

✘ Versuchen, den Generator deines Nachbarn zu „leihen".

✘ Dein Auto starten und Radio aufdrehen. (Du wirst gelyncht, garantiert.)

-3 Wege, diese Katastrophe zu überstehen-

1. Nutze dein Smartphone als Informationsquelle. (Solange der Akku hält.)
2. Organisiere eine improvisierte Hörergemeinschaft um das einzige Radio mit Batterien.
3. Bereite dich mental darauf vor, das Spielergebnis erst morgen zu erfahren.

-Überlebenden-Bericht-

„Wir hatten uns wochenlang auf dieses Finale vorbereitet. Extra Bier gekauft, Snacks vorbereitet, sogar die Satellitenschüssel neu ausgerichtet. Dann kam der Stromausfall in der 89. Minute. Ich weiß immer noch nicht, ob ich lachen oder weinen soll."

– Bernd B., fußballtraumatisierter Camper

-Hätte noch schlimmer kommen können ...-

Stell dir vor, der Strom käme genau in der 94. Minute zurück – exakt eine Sekunde NACH dem entscheidenden Elfmeter in der Verlängerung. Oder noch schlimmer: Der Strom kommt zurück, aber nur für die Wasserpumpen der Duschen, sodass du zwar sauber, aber völlig ahnungslos bleibst. Und als du später erfährst, dass dein Team durch ein Eigentor in der letzten Sekunde verloren hat, wirst du zum ersten Menschen, der sich wünscht, der Stromausfall hätte ewig gedauert.

Merke

> Ein Stromausfall beim Fußballfinale ist wie eine kalte Dusche nach einem Saunagang: schockierend, unerwartet und doch irgendwie verbindend. Während die moderne Zivilisation um dich herum zusammenbricht, entdeckst du die vergessene Kunst der mündlichen Sportberichterstattung, wenn hundert Camper gleichzeitig versuchen, das Spielgeschehen zu kommentieren, das sie auf ihren Handys verfolgen. Manchmal sind die besten Camping-Geschichten die, bei denen du das Ende verpasst hast.

2. Die überfüllten Müllcontainer

Es ist Freitag. Arglos schlenderst du mit deinem sorgfältig verschnürten Müllsack zum Container, nur um festzustellen, dass dieser bereits eine beeindruckende Skulptur aus Pizzakartons, leeren Weinflaschen und mysteriösen Tüten beherbergt, die bedrohlich in den Himmel ragt.

-Wie es dazu kommt-

Die Mathematik des Campingplatzes ist unerbittlich: 200 Stellplätze + 1 Wochenende + 3 Müllcontainer = Katastrophe.

Was die Platzbesitzer als „ausreichende Entsorgungsmöglichkeiten" bezeichnen, entpuppt sich als hoffnungslos unterdimensioniertes System, das bereits am Freitagabend kapituliert, obwohl die Müllabfuhr erst am Mittwoch da war. Hinzu kommt das mysteriöse Phänomen, dass Camper im Urlaub scheinbar doppelt so viel Müll produzieren wie zu Hause. Vermutlich ein bisher unerforschtes Naturgesetz.

-Was dann passiert-

Phase 1: Die Hoffnung

Du näherst dich dem Müllbereich mit dem optimistischen Gedanken: „So schlimm wird's schon nicht sein." Dein Müllsack baumelt locker in deiner Hand, während du bereits mental zur nächsten Aufgabe übergehst.

Phase 2: Die Ernüchterung

Der Anblick des Müllbergs lässt dich innehalten. Das ist kein Container mehr. Das ist ein Monument menschlicher Konsumgewohnheiten, ein Mahnmal der Wegwerfgesellschaft oder eine Installation moderner Kunst.

Phase 3: Die Entscheidungskrise

Du stehst vor einem moralischen Dilemma: Deinen Müll oben auf den wackligen Berg legen und damit zum Problem beitragen? Oder den Sack wieder mitnehmen und dein Vorzelt in eine Mülldeponie verwandeln?

-Was du NICHT tun solltest-

✗ Deinen Müll einfach danebenstellen. (Die Campingplatz-Polizei findet dich. Immer.)

✗ Versuchen, den Berg zu komprimieren, denn du willst nicht derjenige sein, der die Müll-Lawine auslöst.

✗ Den Müll heimlich in fremde Mülleimer schmuggeln. Das ist der Beginn eines Campingplatz-Krieges.

✗ So tun, als hättest du keinen Müll (Er verschwindet nicht von alleine.)

-5 Wege, diese Katastrophe zu überstehen-

1. Erkunde alternative Entsorgungsmöglichkeiten. (Manchmal ist der nächste öffentliche Mülleimer die Rettung.)

2. Frage an der Rezeption nach – mit unschuldigem Gesicht.
3. Vermeide Verpackungswahnsinn. (Plötzlich macht Zero Waste Sinn.)
4. Investiere in Müllkomprimierer. (Mehrere Wasserflaschen eignen sich hervorragend.)
5. Plane strategische Entsorgungszeiten. (Direkt nach der Leerung ist es optimal.)

-Überlebenden-Bericht-

„Ich verbrachte drei Tage mit einem Müllsack als unfreiwilligem Mitbewohner. Wir wurden richtig vertraut miteinander. Am Ende war es fast schon schwer, ihn gehen zu lassen, als endlich der Müllwagen kam." – Anja L., müllgeprüfte Camperin

Merke

Ein überfüllter Müllcontainer ist wie ein Jenga Turm: Jeder versucht, seinen Teil oben draufzulegen, ohne dass alles zusammenbricht. Und genau wie beim Jenga-Spiel gilt auch hier: Wer zuletzt kommt, hat die größten Probleme. Während du mit deinem Müllsack über den Campingplatz schleichst wie ein Schmuggler mit verbotener Ware, wird dir klar, dass wahre Campingfreiheit bedeutet, seinen Abfall problemlos entsorgen zu können.

3. Die geschlossene Rezeption im Notfall

Murphy's Camping-Gesetz Nummer 42: Die Wahrscheinlichkeit, dass du die Hilfe der Rezeption benötigst, steht in umgekehrtem Verhältnis zur Wahrscheinlichkeit, dass diese geöffnet hat. Dieses Naturgesetz ist so zuverlässig wie die Tatsache, dass dein Zelt bei Regen undicht wird.

-Wie es dazu kommt-

Campingplatz-Rezeptionen folgen einem mysteriösen Zeitplan, der nur für Eingeweihte verständlich ist. „Geöffnet von 9-12 und 15-18 Uhr" bedeutet in Wahrheit: „Wir sind da, wenn wir da sind, aber garantiert nicht, wenn du uns brauchst." Um 12:01 Uhr gibt es plötzlich an der zentralen Trinkwasserstelle kein Wasser mehr, dein Stromanschluss gibt um 18:05 Uhr den Geist auf, und dein Nachbar beginnt seine nächtliche Death-Metal-Party exakt 3 Minuten nach Rezeptionsschluss.

-Was dann passiert-

Phase 1: Die Verleugnung

„Die Rezeption kann nicht geschlossen sein, ich habe einen NOTFALL!" Du rennst zum Rezeptionsgebäude, nur um vor einer verschlossenen Tür zu stehen, an der ein handgeschriebener Zettel hängt: „Bin gleich wieder da!"

Phase 2: Die Verzweiflung

Du suchst fieberhaft nach einer Notfallnummer, findest aber nur verblasste Hinweise auf Öffnungszeiten und eine Warnung vor freilaufenden Hunden. Dein Blick schweift über den Campingplatz, in der Hoffnung, jemanden in einem offiziell aussehenden T-Shirt zu entdecken.

Phase 3: Die Selbsthilfe

Du erkennst, dass du auf dich allein gestellt bist. Wie ein Überlebender in einer postapokalyptischen Welt musst du jetzt improvisieren, adaptieren, überwinden. Dein Ingenieursdiplom von der YouTube-Universität wird endlich zum Einsatz kommen.

-Was du NICHT tun solltest-

✗ Die Notfallklingel alle 30 Sekunden drücken. (Sie ist entweder kaputt oder absichtlich abgestellt.)

✗ Versuchen, über den Zaun des Privatbereichs des Platzwarts zu klettern. Denn das ist der schnellste Weg, deinen Campingplatz zu verlieren.

✗ In Panik verfallen. (Auch wenn es die naheliegendste Reaktion ist.)

-4 Wege, diese Katastrophe zu überstehen-

1. Prüfe die Aushänge nach einer echten Notfallnummer. (Manchmal gibt es sie wirklich.)

2. Frage andere Camper, besonders die, die aussehen, als wären sie schon länger da.
3. Bilde Allianzen, denn gemeinsames Leid ist halbes Leid.
4. Entwickle einen Plan B (und C und D – sei kreativ).

–Überlebenden-Bericht–

„Es war 22:30 Uhr, als unser Wasserschlauch platzte und unser Vorzelt in einen Swimmingpool verwandelte. Die Rezeption? Natürlich geschlossen. Zum Glück hatte unser Nachbar Erfahrung als Klempner. Und: Wir eine Flasche Whisky, die wir als Dankeschön opfern konnten." – Johannes P., wasserschadenerprobter Camper

–Hätte noch schlimmer kommen können ...–

Stell dir vor, du findest endlich jemanden vom Personal – nur um festzustellen, dass es sein erster Arbeitstag ist und er noch weniger Ahnung hat als du. Oder noch schlimmer: Die Rezeption öffnet genau in dem Moment, als du deine improvisierte Lösung fertiggestellt hast, die nun mehr Probleme verursacht als das ursprüngliche Problem.

Merke

Eine geschlossene Rezeption im Notfall ist wie ein Regenschirm, der nur bei Sonnenschein funktioniert – theoretisch nützlich, praktisch nutzlos, wenn man sie wirklich braucht. In diesen Momenten entdeckst du, dass die wahren Helden des Campingplatzes nicht die sind, die ein Namensschild tragen, sondern die Mitcamper, die dir um Mitternacht mit Panzertape, einer Rohrzange und beruhigenden Worten zur Seite stehen. Manchmal ist die beste Campingplatz-Infrastruktur die Gemeinschaft, die entsteht, wenn die offizielle Infrastruktur versagt.

Sanitäre Überraschungen

1. Die ungeschriebenen Regeln der Gemeinschaftsduschen

(Wo Nacktheit auf Fremde trifft und niemand weiß, wohin mit dem Blick)

Du stehst mit deinem Kulturbeutel bewaffnet vor der Gemeinschaftsdusche und realisierst plötzlich: Hier wirst du gleich mehr von deinen Campingnachbarn sehen, als du je wolltest.

-Wie es dazu kommt-

War es der perfekte Zeitpunkt? Du dachtest, am besten nicht zu früh am Morgen, nicht zur Stoßzeit am Abend. Was du nicht bedacht hast: Alle anderen Camper hatten exakt die gleiche Idee. Plötzlich stehst du in einer Schlange, die länger ist als die vor dem letzten Toilettenhäuschen auf einem Rockfestival.

-Was dann passiert-

Phase 1: Die Verleugnung

- Du: „Ach, das wird schon nicht so schlimm sein."
- Dein Gehirn: -spielt bereits alle möglichen Horrorszenarien durch-
- Du: „In der Natur sind wir doch alle gleich."
- Dein Gehirn: „Aber muss ich wirklich den Campingplatzbesitzer nackt sehen?"

Phase 2: Die Entscheidung

Jetzt wird dir klar, dass die Gemeinschaftsdusche ein eigenes soziales Ökosystem mit ungeschriebenen Regeln ist. Plötzlich musst du entscheiden: Bist du der Typ, der mit Badeschlappen duscht (vernünftig) oder barfuß (lebensmüde)? Behältst du die Unterwäsche an (Anfänger) oder gehst du volles Risiko (Profi-Camper)?

Phase 3: Die Erkenntnis

Du begreifst, dass sich alle anderen genauso unwohl fühlen wie du. Der universelle Blick der Gemeinschaftsdusche: Starre geradeaus, als wäre die Fliesenwand das faszinierendste Kunstwerk seit der Mona Lisa.

-Was du NICHT tun solltest-

✗ Smalltalk beginnen, während ihr beide nackt seid.
✗ Deine Duschzeit auf eine Opernlänge ausdehnen.
✗ Dein Shampoo „vergessen" und nach dem des Nachbarn fragen.
✗ Eine Bewertung der Duschkabinen laut aussprechen. („In der dritten von links kommt mehr Wasser!")

-4 Wege, diese Katastrophe zu überstehen-

1. Entwickle eine Routine mit militärischer Präzision.
2. Investiere in einen wasserdichten Kulturbeutel. (Der Boden ist IMMER nass).
3. Meistere die Kunst, dich unter einem Handtuch umzuziehen.
4. Akzeptiere, dass du früher oder später jemanden nackt sehen wirst, den du täglich am Frühstückstisch triffst.

-Überlebenden-Bericht-

„Ich dachte, ich sei vorbereitet. Dann rutschte mir die Seife weg. Die Entscheidung zwischen Aufheben und Aufgeben war die schwerste meines Lebens."
– Holger E., traumatisierter Duschgänger

-Hätte noch schlimmer kommen können ...-

Stell dir vor, du bist gerade mitten beim Einseifen, als plötzlich der Feueralarm losgeht und du in Rekordzeit entscheiden musst, ob du lieber schaumig oder tropfnass das Weite suchst. Oder noch schlimmer: Die Tür zur Duschkabine lässt sich ausgerechnet dann nicht mehr schließen, als die Campingplatz-Besichtigung direkt an dir vorbeizieht.

Merke

> Eine Gemeinschaftsdusche ist wie ein Überlebenstraining – unangenehm, aber notwendig, und hinterher bist du stolz, dass du es geschafft hast.

2. Warum das Warmwasser genau dann ausgeht, wenn du eingeseift bist

Hast du das schon einmal selbst erlebt? Das Warmwasser in der Dusche verabschiedet sich exakt in dem Moment, in dem du von Kopf bis Fuß eingeseift bist und aussiehst wie ein Yeti mit Shampoo-Frisur.

-Wie es dazu kommt-

Du hast dich gut vorbereitet: Du hast deine 50-Cent-Stücke für die Dusche gesammelt wie ein Eichhörnchen seine Nüsse. Und du hast sogar den Wasserdruck getestet, bevor du dich komplett eingeseift hast. Was du nicht wusstest: Der Warmwasserboiler des Campingplatzes wurde 1973 installiert und hat die Kapazität eines Espressotässchens.

-Was dann passiert-

Phase 1: Die Verleugnung

- Du: -spürst, wie das Wasser kühler wird-

- Du: „Das wird sicher gleich wieder warm."
- Das Wasser: -wird eiskalt-
- Du: -beginnst, Geräusche zu machen, die man sonst nur von Eisbären hört-

Phase 2: Die Panik

Wie ein Blitzschlag trifft es dich, als das Wasser von angenehm warm auf arktisch kalt umschlägt. Du stehst da, eingeseift von Kopf bis Fuß, und dein Gehirn schaltet in den Überlebensmodus. „Was jetzt?", fragst du dich, während du hektisch versuchst, die Seife loszuwerden, ohne dich dem eiskalten Strahl auszusetzen.
Deine Bewegungen werden panisch, und du überlegst ernsthaft, ob du einfach so bleiben kannst – klebrig, aber warm. Doch die Realität holt dich ein: Du hast keine Wahl. Der Gedanke an die Blicke deiner Campingnachbarn, wenn du schaumig zurückkehrst, treibt dich schließlich unter den kalten Wasserstrahl.

Phase 3: Die Entscheidung

Mit zusammengebissenen Zähnen und einem Schrei, der die gesamte Campinganlage weckt, wagst du dich unter das eisige Wasser. Jeder Tropfen fühlt sich an wie ein Nadelstich, und du fragst dich, ob das Universum dich für etwas bestrafen will.
Während du versuchst, die Seife so schnell wie möglich abzuspülen, läuft dein innerer Monolog auf Hochtouren: „Warum tue ich mir das an? Warum bin ich nicht in einem Hotel?" Doch dann, inmitten des Schocks, spürst du einen Hauch von Stolz. Du hast es geschafft. Du bist ein echter Camper – ein frierender, aber entschlossener Überlebenskünstler.

-Was du NICHT tun solltest-

✗ Die Dusche verlassen und hoffen, dass niemand den wandelnden „Schaumbär" bemerkt.
✗ Versuchen, den Boiler selbst zu reparieren. (Besonders nicht nackt und eingeseift.)
✗ Deine Wut an der unschuldigen Duscharmatur auslassen.
✗ Den nächsten Duschgänger NICHT warnen.

-4 Wege, diese Katastrophe zu überstehen-

1. Entwickle eine Blitzdusch-Technik. (Unter 2 Minuten oder du riskierst eine Unterkühlung.)

2. Lerne, mit einer Hand zu duschen, während die andere den Münzschlitz bewacht.
3. Investiere in Trockenshampoo für den Notfall.
4. Plane deine Duschzeit strategisch. (Nicht, wenn die Hälfte aller Campingplatzbewohner gerade beim Duschen ist).

-Überlebenden-Bericht-

„Ich habe in meinem Leben schon einiges erlebt – Extremsport, Fallschirmspringen, sogar eine Steuerprüfung. Aber nichts hat mich auf den Moment vorbereitet, als das warme Wasser verschwand, während ich Shampoo in den Augen hatte."
– Katrin O., jetzt mit Kältetherapie-Erfahrung

-Hätte noch schlimmer kommen können ... -

Stell dir vor, nicht nur das Warmwasser hätte sich verabschiedet, sondern auch noch das Licht wäre ausgegangen. Oder noch schlimmer: Die Tür hätte sich verklemmt und du hättest eingeseift auf Rettung warten müssen.

Merke

Eine kalte Dusche ist wie ein unerwarteter Campingplatzbesuch – schockierend, unangenehm, aber am Ende eine Geschichte, die du noch jahrelang erzählen wirst.

3. Die Campingplatz-Toiletten-Hierarchie

Die Qualität eines Campingplatzes misst sich nicht an den Stellplätzen, nicht am Schwimmbad und nicht einmal am WLAN, sondern einzig und allein an den Toiletten. Willkommen in der faszinierenden Welt der Campingplatz-Toiletten-Hierarchie, wo du innerhalb von Sekunden vom zivilisierten Menschen zum Überlebenskünstler werden kannst.

-Wie es dazu kommt-

Die Beschreibung des Campingplatzes auf Camping.info: Fünf Sterne, glänzende Bewertungen, Bilder von lächelnden Familien. Was die Bewertungen verschweigen: Die Sanitäranlagen wurden zuletzt renoviert, als ABBA noch in den Charts war.

-Was dann passiert-

Phase 1: Die Entdeckung der Toiletten-Hierarchie

Kategorie 1: Die Haupttoiletten nahe der Rezeption: der Rolls-Royce unter den Campingklos. Sauber, gut beleuchtet, manchmal sogar mit Musik. Hier gehen die Campingplatzbesitzer selbst hin.

Kategorie 2: Die Nebentoiletten: funktional, aber mit Charakter. Hier fehlt vielleicht mal Seife, aber du kommst ohne Trauma davon.

Kategorie 3: Die vergessenen Toiletten am Rand des Platzes: Betreten auf eigene Gefahr. Hier findest du Spinnen, die Miete zahlen, und mysteriöse Flecken, die älter sind als du.

Kategorie 4: Die Notfall-Toilette: existiert nur in Legenden und Albträumen. Wenn du hier landest, hast du entweder wirklich keine andere Wahl oder du hast eine Wette verloren.

Phase 2: Die strategische Planung

Du beginnst, deine Tagesaktivitäten rund um die Verfügbarkeit der Stufe-1-Toiletten zu planen. Plötzlich findest du dich dabei, wie du um 6 Uhr morgens aufstehst, nur um die sauberste Kabine zu erwischen.

Dein Smartphone enthält jetzt eine mentale Karte mit Stoßzeiten und Reinigungsintervallen. Du kennst das Putzpersonal bei den Vornamen und weißt genau, wann sie ihre Runden drehen.

Deine Freunde halten dich für verrückt, als du vorschlägst, den Ausflug zum See zu verschieben, „weil die guten Toiletten zwischen 14 und 15 Uhr am leersten sind". Doch tief im Inneren weißt du: Dies ist kein Wahnsinn, sondern Überlebensstrategie.

Phase 3: Die Anpassung

Nach drei Tagen hast du dich an die Stufe-2-Toiletten gewöhnt und betrachtest sie als „eigentlich ganz okay". Die fehlende Seife kompensierst du mit eigenem Desinfektionsmittel, und über die mysteriösen Flecken an der Wand philosophierst du nicht mehr.

Du ertappst dich dabei, wie du anderen Campern Tipps gibst: „Kabine drei ist die beste, aber klopf zweimal – der Riegel hängt." Dies ist der Moment, in dem du weißt: Das Camping hat dich verändert.

-Was du NICHT tun solltest-

- ✗ Die Toilettentür mit bloßen Händen anfassen, besonders bei Kategorie 3 und 4.
- ✗ Deine Entdeckungen laut kommentieren. („Wow, diese hier ist ja noch schlimmer!")
- ✗ Vergessen, vorher zu klopfen – manche Türschlösser sind kreativer Natur.
- ✗ Deine Toilettenerlebnisse beim Abendessen detailliert schildern.

-4 Wege, diese Katastrophe zu überstehen-

1. Immer, IMMER eigenes Toilettenpapier mitnehmen.
2. Die Kunst des Schwebens über der Toilette perfektionieren.
3. Desinfektionsmittel als deinen besten Freund betrachten.
4. Die Haupttoilettenzeiten kennen und meiden (morgens 8-9 Uhr, abends 18-19 Uhr).

-Überlebenden-Bericht-

„Nach einer Woche auf dem Campingplatz hatte ich ein Ranking aller 17 Toilettenkabinen erstellt, komplett mit Sternebewertung und Besuchszeiten. Meine Familie dachte, ich sei verrückt, bis sie selbst in Kabine 4 waren. Jetzt konsultieren sie meine Liste, bevor sie gehen." – Torsten F., selbsternannter Toiletten-Sommelier

-Hätte noch schlimmer kommen können ...-

Stell dir vor, alle Toiletten wären gleichzeitig außer Betrieb und der nächste Supermarkt mit Kundentoilette wäre 10 km entfernt. Oder noch schlimmer: Du hättest dein Smartphone in der Kategorie-4-Toilette fallen lassen.

Merke !

Die Campingplatz-Toiletten-Hierarchie ist wie das Leben selbst: Manchmal bekommst du den Jackpot, manchmal musst du das Beste aus einer schwierigen Situation machen. Und am Ende sind es die Geschichten, die bleiben (und der Geruch von zu viel Toilettenreiniger).

Familien-Fiaskos

1. Die Mathematik des Familienzelts: 4 Personen + 1 Hund = $Chaos^2$

Mathematische Formeln wie $E=mc^2$, $\pi=3{,}14159...$ kennt jeder (sollte es wenigstens!). Aber dann gibt es die Camping-Mathematik: Ein „4-Personen-Zelt" bedeutet in Wirklichkeit „2 Erwachsene, die sich nicht bewegen dürfen". Füge einen Hund und zwei Kinder hinzu, und du erhältst eine Gleichung, die selbst Stephen Hawking ins Schwitzen gebracht hätte.

-Wie es dazu kommt-

Du hast auf die Packung geschaut: „4-Personen-Zelt, 240 x 210cm". Klingt geräumig! Was du nicht bedacht hast:

Diese Maße wurden von Mathematikern berechnet, die noch nie eine Familie mit Hund gesehen haben und offenbar glauben, dass Menschen im Schlaf perfekte Rechtecke bilden.

-Was dann passiert-

Phase 1: Die Illusion

- Du: „Schaut mal, wie viel Platz wir haben!"
- Die Kinder: -rennen begeistert im leeren Zelt herum-
- Der Hund: -markiert mental sein Territorium (die komplette rechte Seite)-

Phase 2: Die Realität

Der Moment, in dem alle Isomatten, Schlafsäcke, Kuscheltiere, Taschenlampen, Bücher und der unvermeidliche „Notfall-Snack-Vorrat" ins Zelt einziehen. Plötzlich schrumpft der „geräumige Palast" auf die Größe einer Telefonzelle.

Phase 3: Die Erkenntnis

Während du versuchst, auf deinen zugewiesenen 40 cm² zu schlafen, entwickelt dein Kind plötzlich die Fähigkeit, sich im Schlaf um 180° zu drehen und gleichzeitig seine Körpergröße zu verdoppeln. Der Hund findet, dass dein Gesicht das perfekte Kissen ist, und dein Partner hat irgendwie 70% der Zeltfläche erobert, obwohl er schwört, „ganz am Rand" zu liegen.

-Was du NICHT tun solltest-

✗ Den Packungsangaben glauben („4 Personen" = 4 Yogis in Meditationshaltung).

✗ Den Hund in die Mitte legen. Er wird wachsen – in alle Richtungen.

✗ Denken, dass Kinder im Schlaf weniger Platz brauchen. Das Gegenteil ist der Fall.

✗ Vergessen, wer nachts zur Toilette muss. (Tipp: Schlafplatz am Eingang ist Gold wert)

–4 Wege, diese Katastrophe zu überstehen–

1. Die Camping-Mathematik beherrschen: Nimm die angegebene Personenzahl, teile sie durch 2, runde ab – voilà, die reale Kapazität.
2. Jedem seinen festen Platz zuweisen und mit Klebeband markieren, wenn nötig.
3. Den Hund trainieren, am Fußende zu schlafen. (Viel Glück!)
4. In Erwägung ziehen, ein zweites Zelt für die Kinder zu kaufen. Ab einem gewissen Alter ist das keine Strafe, sondern ein Geschenk – für alle Beteiligten.

–Überlebenden-Bericht–

„Nach drei Nächten im ‚4-Personen-Zelt' mit meiner Familie wusste ich, wie sich eine Sardine in der Dose fühlt. Der Unterschied: Sardinen beschweren sich nicht, dass jemand auf ihrem Kuscheltier liegt." – Kerstin C., Mutter von zwei Kindern und einem Hund mit Platzbedarf

Merke

Ein Familienzelt ist wie ein schwarzes Loch: Es dehnt die Zeit (endlose Nächte), komprimiert den Raum (wo war nochmal mein Ellbogen?) und lässt nichts entkommen, nicht einmal den Geruch von Hundefutter.

2. Teenager beim Camping – eine Anleitung zur Schadensbegrenzung

Die ganze Familie sitzt am Lagerfeuer, erzählt Geschichten und genießt die Sterne. Romantik pur! Aber dann zeigt sich die Realität von und mit Teenagern: Ein mürrisches Wesen mit Kopfhörern, das in regelmäßigen Abständen fragt, wann ihr endlich wieder nach Hause fahrt, und dessen Hauptbeschäftigung darin besteht, den einen Quadratzentimeter Campingplatz zu finden, an dem es vielleicht, möglicherweise, unter Umständen ein schwaches WLAN-Signal gibt.

-Wie es dazu kommt-

Was war deine Absicht? Ein Familienurlaub in der Natur? Qualitätszeit? Erinnerungen schaffen? Was du unterschätzt hast: Für einen Teenager ist „kein WLAN" gleichbedeutend mit „lebensbedrohlicher Notfall" und „früh aufstehen im Urlaub" ein Verstoß gegen die Menschenrechte.

-Was dann passiert-

Phase 1: Die Ankunft

Kaum angekommen, beginnt die Illusion zu bröckeln. Während du das Zelt aufbaust, sitzt dein Teenager auf einem Campingstuhl, starrt auf sein Handy und hebt gelegentlich den Kopf, um zu fragen: „Gibt's hier WLAN?" Du erklärst geduldig, dass es hier um Natur und Entschleunigung geht, und erntest einen Blick, der irgendwo zwischen Mitleid und Verzweiflung liegt.

Phase 2: Das Ende der Illusion

Die ersten Minuten am Lagerfeuer laufen noch halbwegs harmonisch. Dein Teenager macht ein paar Fotos für Instagram – natürlich mit dem Hashtag #GefangenInDerWildnis – und du denkst, dass das Ganze vielleicht doch eine gute Idee war. Doch dann kommt die unvermeidliche Frage: „Wie lange bleiben wir hier eigentlich?" Und du weißt, die Illusion ist endgültig vorbei.

Phase 3: Die Verhandlung

Du beginnst, Aktivitäten gegen WLAN-Zeit einzutauschen wie ein Diplomat bei schwierigen Friedensverhandlungen. „Wenn du mit zum Wandern kommst, fahren wir danach zu diesem Café mit freiem WLAN." Dein Teenager entwickelt plötzlich ein ungeahntes Verhandlungsgeschick, das jedem Wall-Street-Broker Ehre machen würde.

-Was du NICHT tun solltest-

- ✗ Behaupten, dass „wir früher auch ohne Internet überlebt haben". (Das zählt nicht als Argument.)
- ✗ Das Smartphone konfiszieren. (Außer du möchtest die Genfer Konvention neu verhandeln.)
- ✗ Erwarten, dass spontan Begeisterung fürs Käfersammeln ausbricht.

-4 Wege, diese Katastrophe zu überstehen-

1. Akzeptiere, dass dein Teenager in einer schwierigen Entwicklungsphase ist. (Für euch beide.)
2. Plane Kompromisse ein. (Zwei Stunden Aktivität, eine Stunde digitale Freizeit.)
3. Beziehe sie in Entscheidungen ein. Ja, auch bei der Campingplatzwahl.
4. Finde heraus, was sie tatsächlich interessiert. Manchmal ist es überraschenderweise NICHT das Smartphone.

-Überlebenden-Bericht-

„Am dritten Tag entdeckte meine Tochter plötzlich, dass sie Sterne fotografieren kann. Aus irgendeinem Grund war das cool genug, um freiwillig bis Mitternacht aufzubleiben. Ich habe nichts gesagt und einfach heißen Kakao gemacht."

– Claudia R., Mutter einer 15-Jährigen

-Hätte noch schlimmer kommen können ... -

Dein Teenager beschließt, ein „Camping-Tagebuch" zu führen, in dem jede deiner elterlichen Peinlichkeiten akribisch festgehalten wird, mit der festen Absicht, es nach dem Urlaub der restlichen Familie zu präsentieren.

Merke !

> Camping mit Teenagern ist wie Schach spielen – es erfordert Strategie, Geduld und die Erkenntnis, dass manchmal ein Unentschieden der größte Sieg ist. Und vergiss nicht: Auch diese Phase geht vorbei. Irgendwann. Vermutlich.

3. Warum Kinder im Campingurlaub plötzlich um 5 Uhr wach sind

Du wachst erholt auf, schlägst gemütlich die Augen auf und genießt den Vogelgesang, während die Sonne langsam über den Horizont kriecht. So hattest du dir das vorgestellt. Aber dann kommt die Camping-Realität mit Kindern: Ein kleiner Mensch sitzt um 5:17 Uhr auf deinem Brustkorb, starrt dich aus nächster Nähe an und verkündet mit einer Lautstärke, die für die Nachbarparzelle noch zu hören ist: „ICH BIN WACH! ALLE AUFWACHEN!"

-Wie es dazu kommt-

Zu Hause schlafen deine Kinder wie kleine Murmeltiere. Selbst am Wochenende musst du sie praktisch mit einer Brechstange aus dem Bett hebeln. Was du nicht bedacht hast: Im Zelt gibt es diese magische Kombination aus hauchdünnen Stoffwänden, die Licht durchlassen wie ein Sieb das Wasser, und der Tatsache, dass Vögel offenbar um 4:30 Uhr eine wichtige Konferenz direkt über eurem Zelt abhalten müssen.

-Was dann passiert-

Phase 1: Die Verleugnung

- Du: -versuchst, mit geschlossenen Augen so zu tun, als würdest du noch schlafen-
- Dein Kind: -stupst dich mit dem Finger an die Wange und fragt: „Bist du wach?"-
- Du: -murmelst etwas von „noch fünf Minuten"-
- Dein Kind: -interpretiert das als „Ja, lass uns spielen!"-

Phase 2: Die Verhandlung

Der verzweifelte Versuch, dein Kind davon zu überzeugen, dass „die Sonne auch noch in einer Stunde da sein wird" und „die anderen Kinder auch noch schlafen". Währenddessen hörst du bereits die ersten Reißverschlüsse anderer Zelte. Offenbar bist du nicht der einzige mit einem biologischen Frühwecker.

Phase 3: Die Kapitulation

Mit der Erkenntnis, dass Weiterschlafen ein Ding der Unmöglichkeit ist, schleppst du dich zum Campingkocher, um den lebensrettenden Kaffee aufzusetzen, während dein Kind bereits voller Energie den Tag plant: „Können wir schwimmen gehen? Jetzt gleich? Warum nicht? Ist das Wasser kalt? Kann ich trotzdem? Warum bist du so müde?"

-Was du NICHT tun solltest-

✗ Hoffen, dass dein Kind „einfach noch ein bisschen weiterschläft".

✗ Vergessen, dass Zelte praktisch Gewächshäuser sind, sobald die Sonne aufgeht.

✗ Dem Kind erklären, dass 5 Uhr morgens „mitten in der Nacht" ist. (Aus Kindersicht ist alles nach Sonnenaufgang definitiv Tag.)

✗ Die Uhr verstellen. (Kinder haben einen unheimlich präzisen inneren Wecker.)

-4 Wege, diese Katastrophe zu überstehen-

1. Erkenne, dass früh aufstehen beim Camping zum Programm gehört wie Mücken und Lagerfeuer.
2. Bereite am Abend alles für eine schnelle Kaffeeversorgung vor.
3. Plane eine „Morgenbox" mit leisen Beschäftigungen für die Frühaufsteher.
4. Nutze die Gelegenheit für einen Spaziergang im Morgentau. (Wenn du schon wach bist ...)

-Überlebenden-Bericht-

„Nach dem dritten Tag mit Wecken um 5 Uhr habe ich aufgegeben und bin einfach mit den Kindern zum See gegangen. Es war tatsächlich magisch – kein Mensch weit und breit, spiegelglattes Wasser und absolute Stille. Bis meine Kinder beschlossen, dass es Zeit für einen Wettstreit war."

– Carsten L., chronisch übermüdeter Campingvater

-Hätte noch schlimmer kommen können ...-

Stell dir vor, dein Kind wäre nicht nur um 5 Uhr wach, sondern hätte auch noch beschlossen, dass dies der perfekte Zeitpunkt ist, um Topfschlagen zu spielen. Oder noch schlimmer: Es hat in der Dämmerung den Reißverschluss des Nachbarzelts mit eurem verwechselt.

Merke !

Die Camping-Zeitzone funktioniert anders als die normale Zeit. Hier gilt: Sonnenaufgang = Aufstehzeit, egal was die Uhr sagt. Der einzige Trost: Kinder, die um 5 Uhr aufstehen, fallen abends meist um 8 Uhr ins Bett – theoretisch. In der Praxis entwickeln sie plötzlich eine zweite Energiewelle, genau dann, wenn du denkst, der Tag sei endlich geschafft.

Absolute Notfälle

1. Was tun, wenn das Klopapier ausgeht?

Nichts – wirklich nichts – hat dich auf den ultimativen Notfall vorbereitet: auf den Moment, in dem du auf der Campingtoilette sitzt und feststellst, dass das Klopapier ausgegangen ist. Es ist der Augenblick, in dem die Zeit stillzustehen scheint und du dich fragst, wie es so weit kommen konnte.

-Wie es dazu kommt-

Die Ursachen für diese Katastrophe sind vielfältig. Vielleicht hast du beim Packen gedacht: „Ach, das reicht schon, wir sind ja nur ein paar Tage unterwegs." Oder du hast die Rollen eingepackt, aber dein Partner hat sie für „unnötigen Ballast" gehalten und heimlich wieder ausgepackt. Vielleicht hast du auch einfach nicht damit gerechnet, dass die Kinder das Klopapier für ihre Bastelprojekte verwenden würden.

–Was dann passiert–

Du sitzt da, blickst auf den leeren Pappkern und spürst, wie die kalte Hand der Realität nach dir greift. Dein Gehirn durchläuft alle Phasen der Trauer in Rekordzeit:

1. Verleugnung („Das kann nicht sein!")
2. Wut („Wer hat das letzte Stück benutzt?!")
3. Verhandlung („Vielleicht finde ich noch ein paar Reste ....")
4. Depression („Das war's, ich bleibe hier für immer.") und
5. schließlich Akzeptanz.

–Was du NICHT tun solltest–

✗ Panik verbreiten: Schreie wie „Wir haben KEIN KLOPAPIER MEHR!" könnten die Nachbarn alarmieren und dich zum Gesprächsthema des Campingplatzes machen.

✗ Socken opfern: Sie mögen eine schnelle Lösung sein, aber du wirst es bereuen, wenn du später keine sauberen Socken mehr hast.

✗ Blätter verwenden, ohne sie zu identifizieren: Brennnesseln und giftige Pflanzen sind keine Freunde in dieser Situation.

✗ Die Schuld auf andere schieben: Es ist nicht der Moment, um Beziehungsprobleme zu vertiefen.

–4 Wege, diese Katastrophe zu überstehen–

1. Ruhe bewahren: Atme tief durch und erinnere dich daran, dass du ein Camper bist – ein Meister der Improvisation.
2. Alternativen suchen: Taschentücher, Feuchttücher, Servietten oder Küchenrolle können als Ersatz dienen. Wenn du nichts davon hast, könnten auch Kassenbons oder alte Landkarten herhalten.
3. Nachbarschaftshilfe: Wenn du mutig bist, fragst du diskret bei den Nachbarn nach. Ein freundliches „Hast du vielleicht eine Rolle übrig?" kann Wunder wirken.
4. Vorsorge für die Zukunft: Sobald du wieder Zugang zu Klopapier hast, packe mindestens zwei Rollen mehr ein, als du denkst, dass du brauchst. Und dann noch eine extra.

-Überlebenden-Bericht-

„Was habe ich nicht alles eingepackt: Drei verschiedene Adapter für die Stromversorgung, eine Ersatzpumpe für die Luftmatratze und sogar einen Mini-Ventilator. Aber als ich mitten in der Nacht auf der Toilette saß und der Pappkern mich anstarrte, wurde mir klar, dass ich das Wichtigste vergessen hatte. Genug Toilettenpapier! Jetzt reise ich nie wieder ohne eine Notfallrolle. Sie hat einen Ehrenplatz in meinem Rucksack." – Lisa K., traumatisierte Camperin

Merke

Klopapier ist wie Sauerstoff: Du denkst erst darüber nach, wenn es fehlt. Und dann denkst du an nichts anderes mehr.

2. Reparaturen mit Panzertape – eine Philosophie

Es gibt zwei Arten von Campern: Diejenigen, die eine komplette Werkstatt mitschleppen, und die Erleuchteten, die verstanden haben, dass das Universum nur zwei Dinge zur Reparatur benötigt: Panzertape und Kabelbinder. Willkommen in der Schule des Camping-Handwerks.

-Wie es dazu kommt-

Es beginnt immer mit einem harmlosen Problem:
Vielleicht ist es ein flatterndes Vorzelt, das sich plötzlich entschließt, bei Windstärke 7 in die Freiheit zu fliegen. Oder der Campingstuhl, der nach Jahren treuer Dienste genau in dem Moment den Geist aufgibt, in dem du dich mit einem kalten Bier darauf niederlassen willst. Oder – der Klassiker – der Wasserschlauch, der sich in einen Springbrunnen verwandelt, weil er an einer Stelle ein winziges Loch hat.

Das Problem ist nie groß genug, um Panik auszulösen, aber auch nicht klein genug, um es zu ignorieren. Und dann kommt der Moment der Erkenntnis: Du hast keine Werkstatt dabei. Kein Ersatzteil. Keine Ahnung, wie man das Problem „richtig" löst.

Aber du hast Panzertape und Kabelbinder – der heilige Gral des Camping-Handwerks! Und dir wird klar, dass du alles reparieren kannst (oder zumindest so tun kannst, als hättest du es repariert).

-Was dann passiert-

Phase 1: Die Bestandsaufnahme

Du blickst in deine Werkzeugkiste, die eigentlich eher eine Werkzeugtüte ist, und findest: eine Rolle Panzertape (schon etwas angeknabbert vom letzten Urlaub) und eine Handvoll Kabelbinder in verschiedenen Größen und Farben.

Phase 2: Die Analyse

Du betrachtest das Problem und denkst nach der uralten Camping-Weisheit:

- Bewegt es sich, sollte aber nicht? → Panzertape
- Muss es irgendwie zusammenhalten? → Kabelbinder

Phase 3: Die Umsetzung – dauert etwas länger!

Jetzt wird es ernst. Du stehst vor deinem Problem, bewaffnet mit einer Rolle Panzertape, einer Schere (oder deinen Zähnen, wenn die Schere mal wieder unauffindbar ist) und einer gehörigen Portion Optimismus.
Du betrachtest das Problem aus allen Winkeln, als wärst du ein Ingenieur, der gerade die Pläne für eine Brücke über den Grand Canyon entwirft.

Wo muss das Tape hin? Wie viele Lagen brauchst du? Und vor allem: Wie kannst du es so anbringen, dass es nicht nur hält, sondern auch halbwegs professionell aussieht? (Spoiler: Es wird nie professionell aussehen.)

Dann kommt der kreative Teil. Du schneidest ein Stück Tape ab – nein, ein bisschen länger – nein, noch länger. Besser zu viel als zu wenig. Du versuchst, es gerade anzubringen, aber irgendwie klebt es sofort an sich selbst fest. Also noch einmal. Diesmal klappt es besser, aber jetzt hast du Tape an den Fingern, am Ellbogen und irgendwie auch in den Haaren.

Du wickelst, klebst und drückst das Tape an Ort und Stelle, während du dir einredest, dass das alles genau so geplant war.

Die erste Schicht Tape sitzt. Aber ist eine Schicht wirklich genug? Natürlich nicht. Also kommt Schicht zwei. Und drei. Bis das Objekt mehr aus Tape als aus seinem ursprünglichen Material besteht. Vielleicht improvisierst du noch mit einem Kabelbinder, um das Ganze zu stabilisieren.

Du trittst einen Schritt zurück und betrachtest dein Werk kritisch. Es sieht aus wie ein silbernes Alien-Ei, aber es scheint zu halten.

Der Testlauf:

Du ziehst vorsichtig am reparierten Teil. Es hält! Du ziehst etwas stärker. Es hält immer noch! Du bist ein Genie! Ein verkanntes Handwerker-Genie!

Das Ergebnis?

Eine Konstruktion, die aussieht, als hätte ein Kindergartenkind mit einer Bastelschere und zu viel Kleber gearbeitet – aber sie funktioniert. Zumindest für den Moment. Und das ist alles, was zählt.

Am Ende stehst du da, betrachtest dein Werk und fühlst dich wie ein Held. Du hast das Unmögliche möglich gemacht, mit nichts als einer Rolle Tape und deinem unerschütterlichen Glauben an die Macht der Improvisation. Und wenn jemand fragt, warum dein Vorzelt aussieht wie ein Kunstprojekt, sagst du einfach: „Das ist nicht kaputt. – Das ist Charakter."

-Was du NICHT tun solltest-

✗ Die Reparatur „später richtig" machen. (Wir alle wissen, dass „später" nie kommt.)

✗ Denken, dass mehr Tape immer besser ist. (Manchmal ist es das, aber nicht immer.)

✗ Die Reparatur vor deinem peniblen Nachbarn mit dem 200-teiligen Werkzeugkoffer verstecken.

-4 Wege, diese Katastrophe zu überstehen-

1. Sei stolz auf deine improvisierte Lösung. Sie zeugt von Einfallsreichtum.
2. Dokumentiere deine Kreation (für zukünftige Generationen von Campern).
3. Halte immer Ersatz-Panzertape bereit, denn die Rolle geht IMMER zur Neige.
4. Lerne die verschiedenen Anwendungsmöglichkeiten von Kabelbindern. (Es gibt mindestens 57.)

-Überlebenden-Bericht-

„Unser Vorzelt hat zwei Orkane, eine Überschwemmung und einen übermütigen Labrador überlebt – alles dank strategisch platziertem Panzertape. Es sieht aus wie ein Patchwork-Kunstwerk, aber es hält. Mein Mann nennt es ‚temporäre Lösung' – seit vier Jahren."
– Christina N., Panzertape-Philosophin

Merke !

Eine Reparatur mit Panzertape ist wie eine gute Ehe – sie muss nicht perfekt aussehen, solange sie hält, wenn der Sturm kommt.

Abreise-Albträume

1. Die Kunst des Zusammenpackens (und warum alles nie wieder in die Taschen passt)

Selbst die klügsten Physiker können sich einige Naturgesetze nicht erklären. Eines davon: Warum passt die exakt gleiche Ausrüstung, die du mühelos zum Campingplatz transportiert hast, bei der Abreise nicht mehr ins Auto? Willkommen zum mysteriösen Phänomen der „Campingplatz-Expansion".

–Wie es dazu kommt–

Bei der Anreise hattest du alles perfekt gepackt. Jede Tasche, jede Box hatte ihren Platz. Was du nicht bedacht hast: Deine Ausrüstung hat während des Urlaubs heimlich Vermehrungskurse besucht.

Dieser eine Campingstuhl? Hat jetzt eine Familie gegründet. Die ordentlich gefalteten T-Shirts? Haben beschlossen, dass „wild zerknittert" ihr neuer Lebensstil ist. Und dein Zelt hat offenbar über Nacht seine Packmaße um 30% vergrößert.

-Was dann passiert-

Phase 1: Die Verleugnung

- Du: „Das hat doch alles reingepasst, als wir ankamen!"
- Deine Ausrüstung: -schweigt vielsagend-
- Du: „Vielleicht habe ich einfach falsch gepackt."
- Deine Ausrüstung: -kichert leise-

Phase 2: Die Verzweiflung

Jetzt stellst du fest, dass du entweder Tetris-Weltmeister werden oder ein größeres Auto kaufen musst. Du beginnst, Dinge zu stapeln, die nie zum Stapeln gedacht waren. Deine Socken finden sich plötzlich in Kochtöpfen wieder, T-Shirts werden zu Polstermaterial umfunktioniert.

Die Campingausrüstung scheint sich gegen dich verschworen zu haben. Schlafsäcke weigern sich, in ihre Hüllen zurückzukehren, und das Zelt hat offenbar beschlossen, dass seine ursprüngliche Packgröße nur eine unverbindliche Empfehlung war.

Phase 3: Die Kapitulation

Du sitzt schwitzend neben deinem überfüllten Kofferraum und fragst dich, ob du die Campingstühle nicht einfach als Spende für den nächsten Camper zurücklassen solltest. Die Kinder werden gebeten, ihre Kuscheltiere und Rucksäcke auf dem Schoß zu halten, dein Partner trägt drei Schichten Kleidung, und du überlegst, ob die Luftmatratze wirklich so wichtig ist.

Der Gedanke, einfach alles stehenzulassen, erscheint plötzlich verlockend vernünftig. Schließlich versuchst du den Kofferraum mit roher Gewalt zu schließen, während das beunruhigende Knirschen von innen dich daran erinnert, dass Plastikgeschirr eigentlich nicht für strukturelle Belastungen konzipiert wurde.

-Was du NICHT tun solltest-

- ✗ Mit voller Kraft auf den Kofferraumdeckel springen.
- ✗ Behaupten, dass „noch massig Platz" ist, während du verzweifelt mit der restlichen Campingausrüstung kämpfst.
- ✗ Deinen Partner fragen: „Hast du heimlich was dazugekauft?"

-4 Wege, diese Katastrophe zu überstehen-

1. Verstehe, dass Packen eine Kunst ist, keine Wissenschaft.
2. Plane eine zusätzliche Stunde für die Abreise ein. (Es werden drei daraus.)
3. Überlege, was du wirklich brauchst. (Spoiler: alles)
4. Kaufe Kompressionspackbeutel – die wahren Helden des Packens.

-Überlebenden-Bericht-

„Bisher dachte ich, ich sei ein Packgenie. Dann kam der Abreisetag und plötzlich schien mein Auto auf die Größe eines Einkaufswagens geschrumpft zu sein. Und ich schwöre: Mein Zelt ist gewachsen!"

– Klaus T., Tetris-Anfänger

-Hätte noch schlimmer kommen können ... -

Stell dir vor, es fängt an zu regnen, während du verzweifelt versuchst, alles ins Auto zu quetschen. Oder noch schlimmer: Dein Nachbar bietet dir „hilfreiche" Packtipps an, während er sein eigenes Auto in Rekordzeit belädt.

Merke

Was einmal passte, passt nicht zwangsläufig wieder. Es ist, als würde die Campingausrüstung während des Urlaubs heimlich Luft holen, nur um dich am Abreisetag zur Verzweiflung zu treiben.

2. Die letzte Toilettenentleerung – ein Drama in drei Akten

Ganz oben auf der Liste der Momente im Leben eines Campers, die man gerne aus dem Gedächtnis streichen würde, steht die finale Entleerung der Chemietoilette vor der Heimreise. Ein Ritual, das selbst erfahrene Camper nur mit Schweißperlen auf der Stirn absolvieren.

-Wie es dazu kommt-

Du hast die ganze Woche die Entleerung aufgeschoben. „Noch ist Platz", dachtest du. „Morgen mache ich das", sagtest du. Jetzt ist der Abreisetag gekommen. Die Sonne brennt, und du stehst vor der ultimativen Herausforderung: dem Marsch zur Entsorgungsstation mit einem Tank, der verdächtig nah an seine Kapazitätsgrenze schwappt.

-Was dann passiert-

1. Akt: Die Vorbereitung

- Du ziehst Handschuhe an, als würdest du dich auf eine Operation vorbereiten.
- Du atmest tief durch. (Ein Fehler, wie sich herausstellt.)
- Du versuchst, den Tank möglichst unauffällig aus dem Wohnmobil zu manövrieren.

2. Akt: Der Marsch

Der längste Weg deines Lebens. Mit jedem Schritt spürst du das bedrohliche Schwappen. Plötzlich scheint der Campingplatz voller Hindernisse: spielende Kinder, Wurzeln, neugierige Nachbarn, etc. Und warum zum Teufel ist die Entsorgungsstation immer am anderen Ende des Platzes?

3. Akt: Die Entleerung

Der Moment der Wahrheit. Mit zitternden Händen positionierst du den Tank über dem Ausguss. Ein letztes Stoßgebet, dann öffnest du das Ventil. Was folgt, ist ein Geräusch, das niemand je vergisst …

-Was du NICHT tun solltest-

✗ Die Entleerung auf die letzte Minute verschieben.
✗ Den Tank zu voll werden lassen. („Es passt noch was rein" sind berühmte letzte Worte.)
✗ Vergessen, die Entlüftungsklappe zu öffnen. (Physik kann grausam sein.)
✗ In schicken Schuhen zur Entsorgungsstation gehen.

-4 Wege, diese Katastrophe zu überstehen-

1. Plane die Entleerung strategisch (frühmorgens = weniger Publikum).
2. Trage Kleidung, die du notfalls verbrennen könntest.
3. Halte Desinfektionsmittel griffbereit (für deine Hände, deine Seele und deine Würde).
4. Atme durch den Mund, nicht durch die Nase.

-Überlebenden-Bericht-

„Ich hatte alles dabei: Handschuhe, Desinfektionsmittel, sogar eine Gesichtsmaske. Was ich nicht bedacht hatte: Der Wind kann sich drehen. Sehr schnell drehen."
– Wolfgang S., ehemals stolzer Wohnmobilbesitzer

-Hätte noch schlimmer kommen können ... -

Stell dir vor, du begegnest auf dem Weg zur Entsorgungsstation deinen neuen Campingfreunden, die dich zum Abschiedsfrühstück einladen wollen. Oder noch schlimmer: Der Verschluss klemmt, genau in dem Moment, als die attraktive Person vom Nachbarstellplatz vorbeischlendert.

Merke !

Die letzte Toilettenentleerung ist wie ein Horrorfilm. Du weißt, dass es unangenehm wird, aber du musst da durch. Und am Ende bist du stärker. Oder zumindest um eine Campinggeschichte reicher.

3. Wie man elegant Abschied nimmt von Campingfreunden, die man nie wiedersehen will

„Die soziale Gratwanderung zwischen Höflichkeit und Flucht"

Es ist ein universelles Phänomen: Du kommst als Fremder und gehst als Teil einer improvisierten Campingfamilie. Das Problem? Manchmal willst du bestimmte Mitglieder dieser Familie etwa so gern wiedersehen wie die Ameisenplage in deinem Zelt.

-Wie es dazu kommt-

Es begann harmlos. Ein freundliches Nicken beim Aufbau. Ein ausgeliehener Campingstuhl. Dann plötzlich stand Herbert mit seinem selbstgebrauten Schnaps vor deinem Wohnwagen, und bevor du „Nein, danke" sagen konntest, hattest du seine Lebensgeschichte, seine politischen Ansichten und seine detaillierte Meinung zu deinem Vorzelt gehört. Siebenmal.

-Was dann passiert-

Phase 1: Die Erkenntnis

- Du: -realisierst, dass Herbert und Co. Telefonnummern mit dir austauschen wollen-
- Dein Gehirn: -spielt alle möglichen Szenarien durch, in denen Herbert dich zu Hause besucht-
- Du: -entwickelst plötzlich Interesse an sehr früher Abreise-

Phase 2: Die Strategie

Du beginnst, komplizierte Ausweichmanöver zu planen. Plötzlich musst du „dringend" zum Sanitärgebäude, wann immer Herbert in Sicht kommt. Dein Partner wirft dir verwirrte Blicke zu, weil du innerhalb einer Stunde zum achten Mal „kurz die Hände waschen" gehst.

Phase 3: Der Showdown

Der Abreisetag ist da. Herbert steht erwartungsvoll neben deinem Auto, während du verzweifelt versuchst, den Kofferraum schneller zu packen als jemals zuvor.

-Was du NICHT tun solltest-

✗ Vorgeben, dass dein Handy ins Klo gefallen ist.
✗ Behaupten, du lebst in einer Kommune ohne Adressen.
✗ Eine falsche Telefonnummer geben. (Die Welt ist klein, besonders in Campingkreisen.)
✗ Sich tot stellen. (Funktioniert nur bei Bären, nicht bei Herbert.)

-4 Wege, diese Katastrophe zu überstehen-

1. Meistere die Kunst des höflichen, aber bestimmten „Nein".
2. Plane deine Abreise strategisch – sehr früh oder während des Mittagsschlafs.
3. Halte ein Ablenkungsmanöver bereit. („Oh, ich glaube, unser Kühlschrank brennt!")
4. Im Notfall: Delegiere die Angelegenheit an deinen Partner. („Schatz, erkläre doch mal Herbert, warum wir keine Besucher empfangen können".)

-Überlebenden-Bericht-

„Ich hatte keine Wahl. Herbert stand da mit seinem Adressbuch. Also sagte ich, wir ziehen demnächst um. Nach Neuseeland. In ein Kloster. Mit strengem Kontaktverbot."

– Nadine Z., Meisterin der Ausflüchte

-Hätte noch schlimmer kommen können ...-

Stell dir vor, Herbert entpuppt sich als dein neuer Arbeitskollege. Oder noch schlimmer: Er wohnt tatsächlich nur drei Straßen von dir entfernt und erkennt dich beim nächsten Einkauf im Supermarkt.

Merke !

Campingfreundschaften sind wie Sandburgen. Manche sollten mit der Flut verschwinden. Die wahre Kunst liegt darin, den Abschied so zu gestalten, dass niemand merkt, dass du innerlich bereits auf der Autobahn bist.

Fazit – Warum wir es trotzdem lieben

1. Warum du trotz allem schon die nächste Tour plantst

Es ist Sonntagabend. Du stehst in deinem Wohnzimmer, umgeben von Bergen feuchter Campingausrüstung, die nach einer Mischung aus Lagerfeuer, Mückenspray und leichter Verzweiflung riecht. Dein Rücken schmerzt von den Nächten auf einer Isomatte, Luftmatratze (die offenbar heimlich ihre Lufthaltefähigkeit gegen Steinhärte eingetauscht hat) oder der zu harten Matratze im Wohnwagen. In deinen Haaren klebt immer noch Sand aus einer Region, die du auf keiner Karte finden würdest.

Und trotzdem – TROTZDEM – sitzt du keine zwanzig Minuten später mit dem Laptop auf dem Sofa und googelst „schönste Campingplätze für den nächsten Sommer".

Willkommen im Club der unheilbaren Campingoptimisten. Wir sind eine seltsame Spezies. Während normale Menschen aus Fehlern lernen, entwickeln wir eine Art Stockholm-Syndrom für Campingplätze. „Beim nächsten Mal wird alles besser", flüsterst du, während du die Bewertungen eines Platzes liest, der verdächtig nach dem klingt, auf dem du gerade die Hölle erlebt hast.

Die Wahrheit ist: Camping ist wie eine toxische Beziehung mit der Natur. Sie behandelt dich schlecht, lässt dich im Regen stehen (buchstäblich), und trotzdem kommst du immer wieder zurück, weil – nun ja, diese eine Stunde Sonnenuntergang am See einfach magisch war. Und genau hier liegt das Geheimnis: Camping verkauft uns nicht Komfort, sondern Momente. Diese kurzen Augenblicke, in denen alles perfekt ist: der Kaffee am Morgen, der nach Freiheit schmeckt; das Lagerfeuer, das dich in seinen Bann zieht; das Gefühl, wenn die Kinder ohne Bildschirme plötzlich wieder Fantasie entwickeln.

Während du also nach neuen Campingplätzen suchst, weißt du insgeheim: Es wird wieder schiefgehen. Der Nachbar wird schnarchen, der Regen wird kommen, und irgendein Tier wird deine Vorräte plündern. Aber zwischen all dem Chaos werden diese kleinen Momente sein, die dich süchtig machen und für die du bereit bist, den ganzen Wahnsinn noch einmal zu durchleben.

2. Die Kunst, aus jeder Panne eine Anekdote zu machen

„Und dann – ihr werdet es nicht glauben – fiel die komplette Vorzeltplane genau in dem Moment zusammen, als der Campingplatzbesitzer vorbeikam, um uns zu sagen, dass wir falsch geparkt haben!"

Willkommen in der Welt der Camping-Anekdoten, wo aus jeder Katastrophe eine Geschichte wird, die du noch deinen Enkelkindern erzählen wirst.

Während andere Urlauber von entspannten Tagen am Hotelpool berichten, sammelst du Geschichten, die so absurd sind, dass sie niemand erfinden könnte.

Die Transformation von „absoluter Katastrophe" zu „urkomischer Anekdote" folgt dabei einem festen Zeitplan: In den ersten 24 Stunden ist es eine Tragödie. Nach einer Woche wird es zu einer amüsanten Begebenheit. Nach einem Monat ist es deine Lieblingsgeschichte beim Grillabend. Und nach einem Jahr schwörst du, dass es genau SO passiert ist, auch wenn du insgeheim weißt, dass der Waschbär vielleicht doch nicht wirklich mit deiner Zahnbürste Limbo getanzt hat.

Die wahre Superkraft eines Campers ist nicht die Fähigkeit, ein Zelt bei Windstärke 8 aufzubauen oder eine Mahlzeit auf einem wackeligen Campingkocher zuzubereiten. Es ist die Gabe, selbst die größte Panne in eine Geschichte zu verwandeln, bei der alle lachen, vor allem du selbst. „Erinnerst du dich noch, als wir die Autoschlüssel im abgeschlossenen Wohnwagen vergessen haben und du in Badelatschen zum 15 Kilometer entfernten Schlüsseldienst trampen musstest?" – „Klar, beste Urlaubserfahrung ever!"

Diese Geschichten sind wie guter Wein – sie werden mit der Zeit besser. Die Regentropfen werden größer, der Wind stärker, die Ameisen zahlreicher und die eigene Heldentat dramatischer. Aus „Ich habe das Vorzelt festgehalten." wird „Ich habe praktisch einen Tornado mit bloßen Händen bezwungen." Und genau das ist der Punkt: Camping lehrt uns, über uns selbst zu lachen und aus Pannen Perlen zu machen.

3. Das Wichtigste überhaupt: Lachen ist die beste Campingausrüstung

Vergiss Titanbesteck, ultraleichte Zelte und solarbetriebene Espressomaschinen. Die wichtigste Ausrüstung, die du je mit zum Camping nehmen wirst, passt in keinen Packsack: Es ist deine Fähigkeit zu lachen, wenn alles schiefgeht. Und glaub mir: Es WIRD schiefgehen.

Während der durchschnittliche Hotelgast bei einer defekten Klimaanlage an der Rezeption einen Nervenzusammenbruch erleidet, steht der erfahrene Camper klatschnass im strömenden Regen, betrachtet sein eingestürztes Zelt und denkt nur: „Na, immerhin spare ich mir heute das Duschen." Diese spezielle Form des Galgenhumors ist nicht angeboren. Sie ist eine Überlebensstrategie, die sich nach dem dritten Campingurlaub entwickelt, etwa zeitgleich mit der Fähigkeit, in jeder Körperhaltung einschlafen zu können.

Die Camping-Lachmuskulatur wird durch spezielle Übungen trainiert: Das hysterische Kichern, wenn du feststellst, dass du zwar sechs verschiedene USB-Ladekabel eingepackt hast, aber keine Unterwäsche. Das resignierte Schmunzeln, wenn der Campingnachbar um 5 Uhr morgens beschließt, seinen Dieselgenerator direkt neben deinem Schlafzimmerfenster zu starten. Und das befreiende Lachen, wenn ihr nach zwei Stunden Aufbauzeit feststellt, dass das Zelt falsch herum steht.

Wahre Campingmeister erkennt man nicht an ihrer Hightech-Ausrüstung oder dem perfekt nivellierten Wohnmobil. Man erkennt sie an den Lachfalten und der Fähigkeit, selbst in der größten Katastrophe noch einen Witz zu reißen. „Klar regnet es in mein Zelt. Ich wollte schon immer wissen, wie sich ein Leben als U-Boot-Kapitän anfühlt!"

Merke

Während teure Ausrüstung kaputtgehen kann, ist Humor die einzige Ressource, die sich bei jedem Campingausflug erneuert und vermehrt. Und am Ende sind es nicht die perfekten Tage, die in Erinnerung bleiben. Es sind die Katastrophen, über die ihr noch Jahre später lacht, bis euch die Tränen kommen. Denn wenn das Leben dir Regenwolken gibt, mach daraus eine Dusche – und sing dabei. Lautstark und falsch.

WETTERFEST,
WASSERDICHT,
WAHNSINNIG
ECHTER
CAMPER
ICH CAMPE
NICHT,
ICH ÜBERLEBE
MIT STIL

Die ultimative SOS-Checkliste

TOILETTENPAPIER IST AUS

- Plan A: Campingnachbarn mit freundlichem Gesicht ansprechen
- Plan B: Taschentücher verwenden (aber nicht in die Chemietoilette werfen!)
- Plan C: die Natur bietet Blätter (Vorsicht bei Pflanzen, die du nicht kennst!)
- Notlösung: Socken opfern (alte, nicht die guten)

ZELT STEHT UNTER WASSER

- Plan A: behaupten, du wolltest schon immer eine Wassermatratze
- Plan B: schnell einen Wassergraben um das Zelt ziehen
- Plan C: im Auto schlafen
- Notlösung: Schwimmflügel aufblasen und das Beste daraus machen

GASKOCHER FUNKTIONIERT NICHT

- Plan A: prüfen, ob noch Gas drin ist (durch Schütteln der Flasche)
- Plan B: Nachbarn nach Feuer fragen
- Plan C: kalte Dosenravioli essen (schmeckt fast wie warm ... fast)
- Notlösung: Pizza bestellen und so tun, als wäre das der Plan gewesen

WOHNMOBIL STECKT FEST

- Plan A: Isomatten unter die Reifen legen
- Plan B: Campingnachbarn um Hilfe bitten (Bier als Belohnung anbieten)
- Notlösung: Campingplatz zum neuen Wohnsitz erklären

HANDYAKKU LEER, KEIN STROM

- Plan A: Powerbank suchen (die du vermutlich vergessen hast)
- Plan B: Auto kurz starten und Handy laden
- Plan C: genießen, dass niemand dich erreichen kann
- Notlösung: dem Kind erklären, dass ein Leben ohne Instagram möglich ist.

MÜCKENINVASION

- Plan A: alle verfügbaren Kleidungsstücke übereinander anziehen
- Plan B: Lagerfeuerrauch als natürliches Abwehrmittel nutzen
- Plan C: ständig in Bewegung bleiben (Mücken mögen bewegliche Ziele nicht)
- Notlösung: dem Partner erklären, dass er oder sie einfach süßeres Blut hat

VORZELT FLIEGT WEG

- Plan A: mit allen verfügbaren Körperteilen festhalten
- Plan B: schwere Gegenstände als Anker verwenden
- Plan C: dem Nachbarn hinterherrennen, der es gerade fängt
- Notlösung: behaupten, du wolltest sowieso unter freiem Himmel leben

KINDER LANGWEILEN SICH

- Plan A: Schatzsuche improvisieren
- Plan B: „Wer findet die meisten Ameisen"-Wettbewerb
- Plan C: erklären, dass Langeweile gut für die Kreativität ist
- Notlösung: Tablet mit den letzten 5 % Akku als Notreserve

NACHBARN SCHNARCHEN ZU LAUT

- Plan A: Ohrstöpsel tiefer reindrücken
- Plan B: weißes Rauschen auf dem Handy abspielen
- Plan C: selbst lauter schnarchen (Dominanzverhalten)
- Notlösung: Zelt leise abbauen und auf die andere Seite des Platzes umziehen

ALLES GEHT GLEICHZEITIG SCHIEF

- Plan A: tief durchatmen und bis 10 zählen
- Plan B: Notfallschokolade auspacken
- Plan C: Campingplatz-Rezeption nach dem nächsten Hotel fragen
- FINALE NOTLÖSUNG: Lachen, Foto machen und dich daran erinnern, dass dies die Geschichten sind, die du noch jahrelang erzählen wirst!

Hinweis:
Diese Checkliste bei Bedarf ausschneiden, laminieren und um den Hals tragen.
Funktioniert am besten mit einer Portion Humor und einer Flasche Notfall-Wein.

MEIN CAMPING-KATASTROPHEN-TAGEBUCH

(Weil die besten Geschichten nie nach Plan verlaufen)

-Bei Bedarf beliebig oft kopieren.-

DATUM: ____________ ORT: __________________________

WETTER BEI ANKUNFT:

Sonnig (verdächtig)
Regnerisch (typisch)
Sturm (natürlich genau heute)
Apokalyptisch

KATASTROPHEN-KATEGORIE:

Zelt-Desaster
Wohnmobil-Wahnsinn
Tierische Begegnung
Wetter-Wahnsinn
Technisches Versagen
Nachbarschafts-Drama
Kulinarische Katastrophe
Sonstiges:

____

____

WAS GENAU PASSIERT IST:

____

____

____

____

____

____

____

WER SCHULD WAR:

- Ich selbst (unwahrscheinlich)
- Das Wetter (Klassiker)
- Die Campingausrüstung (definitiv)
- Partner/Familie (natürlich!)
- Höhere Gewalt (Camping-Götter)

MEINE REAKTION:

- Stoische Ruhe (gelogen)
- Hysterisches Lachen
- Kreatives Fluchen
- Stille Tränen
- Kompletter Nervenzusammenbruch

LÖSUNGSVERSUCH:

____

____

____

HAT ES FUNKTIONIERT?

- Ja (wirklich?)
- Nein (ehrlicher)
- Teilweise (mit viel Fantasie)
- Definiere "funktioniert" ...

WAS ICH DABEI GELERNT HABE:

____

____

WAS ICH BEIM NÄCHSTEN MAL ANDERS MACHEN WERDE:

____

____

WAS ICH BEIM NÄCHSTEN MAL TROTZDEM GENAUSO MACHEN WERDE:

ZEUGEN DER KATASTROPHE:

Familie (die es nie vergessen wird)
Freunde (die Fotos gemacht haben)
Campingnachbarn (die jetzt eine Geschichte haben)
Wildfremde Menschen (die immer noch lachen)

KATASTROPHEN-BEWERTUNG:

Anfänger-Panne
Beeindruckend, aber verkraftbar
Wird beim Familientreffen erzählt werden
Legendär
Wir werden nie wieder eingeladen

NOTFALLKONTAKTE FÜR DIE NÄCHSTE KATASTROPHE:

Pizza-Lieferservice:

Nächstes Hotel:

Therapeut:

BEWEISFOTO:

(Hier Foto einkleben oder eine Zeichnung machen, falls die Kamera ebenfalls Teil der Katastrophe war.)

Zertifikat

„Überlebender der Campingkatastrophen"

Dieses Zertifikat bestätigt feierlich, dass die Inhaberin oder der Inhaber die wahren Herausforderungen des Campinglebens mit Bravour gemeistert hat. Während andere bei den ersten Regentropfen die Flucht ergreifen oder beim Anblick einer Spinne im Zelt in Panik verfallen, hat unser Camping-Held oder unsere Camping-Heldin standhaft durchgehalten.

Mit der Gelassenheit eines Zen-Meisters wurden umgefallene Chemietoiletten, nächtliche Waschbärenüberfälle und mysteriöse Geräusche aus dem Nachbarzelt ertragen. Selbst als der Campingkocher explodierte, die Luftmatratze ihren Geist aufgab und der Stellplatz sich in einen Sumpf verwandelte, blieb unser Champion unerschütterlich.

Dieses Zertifikat ist ein humorvoller Beweis für deine unerschütterliche Camping-Resilienz. Es darf stolz auf dem Kühlschrank, im Wohnwagen oder direkt neben dem Campingstuhl präsentiert werden! Trage es mit Würde und als Warnung für alle Camping-Neulinge, die noch glauben, dass Urlaub in der Natur „entspannend" sei.

Möge dein Gaskocher immer brennen, dein Zelt stets trocken bleiben und deine Campinggeschichten mit jeder Erzählung noch dramatischer werden – ganz gleich, ob Camperin oder Camper!

"Ich habe überlebt"

Dieses Zertifikat wird feierlich verliehen an:

____

(Name des tapferen Campers)

Für außergewöhnliche Leistungen im Überleben der kleinen und großen Katastrophen des Campinglebens.

Erreichte Achievements:

□ *Mindestens einer tierischen Begegnung standgehalten*

□ *Drei Wetterkatastrophen überlebt*

□ *Eine kulinarische Krise gemeistert*

□ *Technischen Totalausfall überstanden*

□ *Soziale Spannungen diplomatisch gelöst*

Bonus-Achievements:

□ *Zelt im Sturm festgehalten*

□ *Ohne WLAN überlebt*

□ *Mit Waschbären verhandelt*

□ *Campingplatz-Disco durchgestanden*

Datum: Unterschrift eines Zeugen:

____

Printed in Poland
by Amazon Fulfillment
Poland Sp. z o.o., Wrocław

63582038R00072